柳生好之の The Rules 現代文問題集 2 入試標準

別冊 問題編

旺文

大学入試

柳生好之の The Rules 現代文問題集

2 入試標準

別冊 問題編

問題編 目次

Lesson

Lesson 1

「行動経済学」の話

人はいつも望ましい行動をするとは限りません。ときにはあまり良くない行動をしてしまうのが人間です。かつては「法律」や「教育」によって人々の行動を変えていくことが考えられてきました。ところが、現代では「行動経済学」の考え方によって人の行動を変えていくことが研究されています。「やらなきゃいけないとわかっていながらなかなかできない」という人にはこの話はとても参考になるかもしれません。

目標：傍線部内容説明問題の解法をマスターする
具体例を挙げる問題の解法をマスターする

文章：長い（約4900字）
出典：大竹文雄『行動経済学の使い方』
出題校：獨協大学（改）

Lesson 1

試験本番での目標時間 30 分

この本での目標時間 35 分

▼解答・解説 本冊 8ページ

次の文章を読んで、後の設問に答えなさい。

「ナッジ」は「軽く肘でつつく」という意味の英語である。ノーベル経済学賞受賞者のリチャード・セイラーは、ナッジを「選択を禁じることも、経済的なインセンティブ[注1]を大きく変えることもなく、人々の行動を予測可能な形で変える選択アーキテクチャー[注2]のあらゆる要素を意味する」と定義している。

一般的に、人々の行動を変えようとするとき、法的な規制で罰則を設けて、特定の行動を禁止して選択の自由そのものを奪うか、税や補助金を創設して、金銭的なインセンティブを使うことが多い。もう一つの手段は、教育によって人々の価値観そのものを変更することである。しかし、教育を通じた価値観の形成は、短期的な効果を大きく期待できるものではないし、義務教育年齢の子どもに対しては有効な手段であるかもしれないが、それ以外の年齢層には必ずしも有効な手法ではない。

行動経済学的手段を用いて、選択の自由を確保しながら、金銭的なインセンティブを用いないで、行動変容を引き起こすことがナッジである。大きなコストをかけないとそのような政策的誘導から簡単には逃れることができないのであれば、その誘導はナッジとは呼べない。ナッジは命令ではないのである。例えば、カフェテリアで果物を目の高さに置いて、果物の摂取を促進することはナッジである。しかし、健康促進のためにジャンクフードをカフェテリアに置くことを禁止するのはナッジではない。

ナッジは、行動経済学的知見を使うことで人々の行動をよりよいものにするように誘導するものである。一方、行動経済学的知見を用いて、人々の行動を自分の私利私欲のために促したり、よりよい行動をさせないようにしたりすることは、ナッジではなく、スラッジと呼ばれている。スラッジとはもともと、ヘドロや汚泥を意味する英語である。

例えば、ネットで買い物をした際に、宣伝メールの送付があらかじめ選択されていて、その解除が難しい場合は、ナッジではなくスラッジである。商品を購入した際に割引がもらえるというキャンペーンで、領収書や商品番号を書類に記入して郵送する必要があるようなものもスラッジである。社会保障の受給手続きが必要以上に面倒になっているのもスラッジである。

うまくナッジを設計することができれば、私たち自身の意思決定はよりよいものになる。現[注3]在バイアスが理由で仕事を先延ばしする傾向がある人なら、先延ばしすること自体を面倒にするナッジを作ればよい。定時の仕事をのんびりしてしまい、深夜残業しがちな人であれば、深夜残業を原則禁止し、早朝勤務を選べるようにするのは一案だ。残業をするという選択の自由を確保しながら、早朝に残業するという面倒を増やすことで、先延ばし行動を抑制できる。

どうすれば、よいナッジを設計することができるだろうか。OECD（経済協力開発機構）や[注4]行動洞察チームが、ナッジの設計のプロセスフローを提案している。A どれも基本的に同じような構造でなりたっている。OECDのBASICという提案は、人々の行動（Behaviour）を見て、行動経済学的に分析（Analysis）し、ナッジの戦略（Strategy）を立て、実際にナッジによる介入（Intervention）をしてみて、変化（Change）を計測するというものである。ideas42という組織が提案している5段階のプロセスは、問題を定義し、処方箋（しょほうせん）を考え、ナッジを設計し、その効果をテストした上で、大規模に実施するというものだ。行動洞察チームは、ナッジをテストし、その効果を検証した上で、政策に適用するという3段階のものを提案している。基本的には、課題となっている問題の背景を行動経済学的に考えて、ナッジを考案し、テストするというプロセスである。

もう少し具体的にそのプロセスを考えてみよう。最初にすべきことは、意思決定のプロセスを図式化することである。意思決定のプロセスを理解し、それにかかわる行動経済学的なバイアスとその影響を推測する。そして、それに対応したナッジの候補を選び、技術的な制約の中で実施可能なものを決める。その際に、意思決定の上位にかかわるナッジを優先し、効果を検証する。

まず、意思決定のプロセスを考える。第一に検討するべきことは、対象とする意思決定の特徴である。その意思決定は、意思決定をしている人にとって重要なことと意識されているものなのか、それとも本人がほとんど無意識に行っているものなのかを検討すべきだ。ある行動が本人にとって望ましくないもので、本人も改善したいと思っているとしよう。このとき、本人にとってそれが重要な意思決定で、よく考えられた上で行われる場合を考える。《 a 》

本人の行動が望ましいものでないとすれば、その意思決定の重要性を本人が理解しているのに、なんらかのバイアスによって望ましくない意思決定をしているかもしれない。あるいは、正しい意思決定をしていて、本人はその意思決定と [I] な行動をしたいと思っているのに、実際の行動が意図したものと異なっているということになる。一方、望ましくない行動が、あまり考えずに意思決定がされていることによって引き起こされているのであれば、本人に問題の重要性を気づかせることが第一歩になる。《 b 》

つぎに、その意思決定が行われるのはどのようなタイミングであるかを考える。そして、意思決定そのものを、本人が能動的に行っているのか、受動的で自動的に行っているのかということも考える必要がある。

意思決定をする際には、何種類の選択肢があるのだろうか。［ II ］な意思表示をしないでも選択したことになるデフォルト[注5]の選択肢は存在しているのだろうか。本人が選択したことに対し結果をフィードバックすることは可能だろうか。その行動をするインセンティブは金銭的なものだろうか、それとも非金銭的なものだろうか。望ましい行動ができないのは、金銭的コストがかかっているからだろうか。それとも心理的コストがかかっているからなのだろうか。

そのつぎに検討すべきことは、意思決定をする人がどのような情報を手にしているかを考えることだ。どのような知識や助言があれば、意思決定ができるのだろうか。本人には、どのような情報や知識が与えられているのだろうか。それは、文書情報なのか、視覚情報なのか、それとも口頭で与えられた情報なのか。どのような順番で情報が与えられているのだろうか。

さらに、意思決定をする人の心理的状況はどうだろうか。よい意思決定をした場合、その利得はすぐにやってくるのか、それとも遅れてやってくるのか。もし遅れてやってくる場合には、現在バイアスで先送りしてしまう可能性が高くなり、よい行動や習慣を学習して自然に身に付けるチャンスが少なくなる。

意思決定は、本人が感情的になっているときになされることが多いのだろうか。例えば、医療における意思決定の多くは本人が感情的になっているときに行われることが多い。子どもが生まれた際や親が死亡した際に行う意思決定は、それぞれ異なる感情のもとで行われる。

意思決定の中には、それほどエネルギーを使わなくてもよいものもあれば、強い意思力や自制心を必要とするものもある。仮に、意思力が強くないとよい意思決定ができないにもかかわらず、意思力や自制心が弱っている際に意思決定をしてしまうということがあれば、よい意思決定ができないだろう。《 c 》

意思決定が行われる環境についても考える必要がある。その意思決定は、本人一人で行われるタイプのものか、それとも他の人が見ているような状況で行われるものなのだろうか。メディアでの報道や専門家の意見によって意思決定が影響される可能性があるのだろうか。それとも、意思決定は周囲の人の行動に影響されるタイプなのか。意思決定が本人の自発的な申し込みを必要とするようなものだった場合に、本人に申し込みさせること自体に困難がないだろうか。このように意思決定の特徴を整理していくのである。《 d 》

B ナッジの設計において一番重要なのは、本人自身が自分の行動変容を強く願っているのか、それとも、本人があまり気にしていなかったことを気づかせて行動変容を起こさせるのか、どちらのパターンなのかを見極めることである（表2―1）。

もし、前者であれば、現在バイアスや自制心の不足が原因となる場合が多い。つまり、もともと理想の行動と現実の行動の間にギャップがあるところに原因がある場合である。この場合には、行動変容を起こしたい相手に対し、[注6]コミットメント手段を提供したり、自制心を高めたりするようなナッジが有効になる。

もともと理想的な行動をとりたいと本人が望んでいたなら、コミットメント手段を提供するだけで、彼らはその手段を選ぶようになるはずだ。貯蓄を増やしたいということであれば、給与からの天引き貯金制度やクレジットカードの上限額設定の選択肢を提供することがこのタイプのナッジである。体重を減らすために、毎日運動することをコミットし、運動しない日があればいくらかのお金を支払うというコミットメントは、運動によって体重を減らしたいという人には、とても有効なナッジである。しかし、このコミットメント手段は、本人が特に望んでいない行動を健康のために促進するという場合には、使うことはできない。《 e 》

また、行動変容を意識的に行わせるのか、無意識的に行わせるのかによってもナッジの作成方針は変わってくる。本人自身が行動変容を起こしたいと思っていても、コミットメント手段を新たに取ること自体も現状維持バイアスのために難しいというのであれば、デフォルト設定を変更することが有効になる。本人が［ II ］な意思表示をしない場合は、コミットメント手段を利用することに同意したとみなして、それを利用したくなければ簡単に利用を中断することができるようにすればいい。

代表的な例に、臓器提供の意思表示がある。日本人の41.9％の人たちは、「脳死と判定されれば、（どちらかと言うと）臓器を提供したい」と考えている（２０１７年「臓器移植に関する世論調査」内閣府）。それにもかかわらず、実際に提供意思を記入している人の割合は、「提供しない」がデフォルトで、提供したい場合に意思表示をする必要がある日本のような国々では10％前後と低くなっている。逆に「提供する」がデフォルトになっているフランスのような国々では１００％に迫る水準である。

一方、［ III ］な行動を活性化したいという場合には、C 人々がもともと気にしていない行動について変容させる必要がある。もともと人々はそのような行動を意識していないため、自分から望んで、その行動を変えるためのナッジを設定することはない。この場合、政府などの外的な主体がナッジを設定する必要があり、それが有効だと考えられている。

一方で、人々の意識を喚起するような手法として、損失回避を使ったり、社会規範に訴えたりといったナッジによる情報提供がある。また、人々に無意識のまま行動を変容させる手法もある。ゴミの不法投棄を減らしたい場合、「ゴミの不法投棄をやめましょう！」という標識を設置することは、外的強制を使った意識的なナッジである。道路にゴミ箱まで足跡の絵を描くことでゴミ箱への移動を誘発したり、不法投棄が多い場所にお地蔵さんや鳥居を設置することで神聖な場所にゴミを捨てないようにさせたりするのは無意識的なナッジである。

「ゴミの不法投棄をやめましょう！」や「喫煙場所以外での喫煙は条例違反です」というような意識的なナッジは、既にそれを知った上で違法行為をしている人にはあまり効果がないかも知れない。また、そのような標識そのものに注意を向けない可能性もある。その場合には、ゴミ箱までの足跡や喫煙場所までの矢印を地面に描いておく方が、人は無意識にそれに従う傾向がある。

D ナッジを選ぶためには、上述のように意思決定の状況を分析して、どのような行動経済学的なボトルネック[注7]があるのかを分析する必要がある。

（大竹文雄『行動経済学の使い方』より）

（注）
＊1 インセンティブ……目標達成のための刺激、誘因。
＊2 アーキテクチャー……システムの設計思想、およびその設計思想に基づいて構築されたシステムの構造。
＊3 現在バイアス……現在に近い時点の選択において目先の利益を優先してしまうこと。一週間後に仕事の締め切りを設定することはできても、今日は仕事より遊びを優先してしまうような傾向をいう。
＊4 行動洞察チーム……二〇一〇年にイギリス政府により設立（後に有限会社化）された行動経済学

を研究する組織。

＊5 デフォルト……規定値、あらかじめ設定済みの条件。

＊6 コミットメント……一般的には「公約、責任」といった意味だが、ここでは、行動変容を起こしたい人が、自分の将来の行動にあらかじめ制約をかけること。

＊7 ボトルネック……物事の進行や達成の妨害となる存在。

問1 空欄 Ⅰ ～ Ⅲ に入る語として最も適当なものを次の中からそれぞれ一つずつ選びなさい。なお、一つの語は一回しか用いてはならず、二つある Ⅱ には同じ語が入ります。

① 教条的あるいは一方的　② 整合的　③ 帰納的
④ 理想的あるいは規範的　⑤ 人工的　⑥ 規則的
⑦ 利他的で犠牲的　⑧ 明示的　⑨ 再帰的

問2 本文中の《a》～《e》のうち、次の一文を入れる箇所として最も適当なものを選択肢の中から一つ選びなさい。

あるいは、無意識に訴えかけるようなナッジが有効かもしれない。

① 《a》　② 《b》　③ 《c》　④ 《d》　⑤ 《e》

問3　傍線部A どれも基本的に同じような構造でなりたっている とあるが、それはどのような構造ですか。その説明として最も適当なものを次の中から一つ選びなさい。

① 問題を分析し行動に直接的に介入した後、結果を計測して、ナッジの戦略をたてるという構造
② ナッジの戦略を立ててから、人間の行動を分析し、政策として実行に移すという構造
③ 人間の行動を観察し方策上の問題点を洗い出し、それを修正したナッジを立てていくという構造
④ 事前に望ましいナッジを策定し、問題を分析した上で、改善を促していくという構造
⑤ 問題の背景を行動経済学的に解析してナッジを考案・テストし、実施していくという構造

問4 傍線部**B**ナッジの設計において一番重要なのは、……どちらのパターンなのかを見極めることである（表2―1）とあるが、以下はその表2―1です。図中の空欄部 i ～ iii に入る表現として最も適当なものを選択肢の中からそれぞれ一つずつ選びなさい。

表2－1　目的別のナッジの種類

	自制心		**望ましい行為**
	内的活性化	**外的活性化**	**外的活性化**
意識的	飲酒運転を避けるために送迎サービスを事前に予約	ii	税制を簡素化し、納税促進 ゴミの投棄をしないように標識を設置
無意識的	iii	不健康な食品を手の届きにくいところに陳列	多くの人がリサイクル活動をしていると広報 i

① お金を別勘定に入れて無駄遣いを防止
② ゲーム機を入学試験の終了まで自分で鍵付きの箱に収納
③ 自動車の省エネ運転を促進するために燃費計をダッシュボード*に設置
④ スピード抑制のために錯視を利用した段差を表示

*ダッシュボード……自動車の前席前面にある、速度計や燃料計などがある部分

問5 傍線部C 人々がもともと気にしていない行動について変容させる とあるが、その具体例として最も適当なものを次の中から一つ選びなさい。

① 駅利用者の歩行スピードが遅いので、音楽を流して歩速を早め、より多くの乗客を短時間でさばき、単位時間あたりの収益の向上を目指す

② 同居人の寝言が声も大きく煩わしいので、本人が寝ている間にそれをレコーダーに録音し、翌朝本人が目覚めたときにそれを聞かせる

③ 込み合った電車内ではドア付近に立つ人が多く乗降しにくいので、その付近の床とドアに黄色でゼブラマーク（筋状のペイント）を施す

④ 本人だけは気に入っている変わったデザインの服がどう見ても似合っておらずかわいそうなので、匿名の手紙でそっとその旨を伝える

⑤ スーパーマーケットで購入した魚や肉のトレーを店内で捨てられると廃棄費用がかさむので、店での使用済みトレーの回収を有料にする

問6 傍線部**D** ナッジを選ぶためには、上述のように意思決定の状況を分析して、どのような行動経済学的なボトルネックがあるのかを分析する必要がある とあるが、本文で述べられた「ボトルネック」と、それに対応する「ナッジ」の説明として適当でないものを、次の中から一つ選びなさい。

① 自分の行動の問題点を知っているのにそれが変容できない人に対し、現実の行動に制約をかける手段を提示する

② なすべき行動を理解しその意思・意欲ともに明確な人には、取るべき行動の規定値を設定したり変更したりする

③ 自分の行為が望ましくないと知った上でその行為をしている人が、無意識に行動を変容するような施策を行う

④ すべきでない行動を改めたいと思いながら無意識に行っている人に対し、その意思決定の問題点を認識させる

⑤ 物事の決定や実行を先送りしがちな人に、行動変容の良好な結果をできるだけ早く本人が実感できるようにする

Lesson 2

「通過儀礼」の話

子どもから大人になるために、苦しみや恐怖などを経験する風習がありました。それを「通過儀礼」と言います。現代の日本では皆さんが体験する大学受験が一つの「通過儀礼」となっている面があります。皆さんの体験も大人になるための貴重な体験だと思えば、苦しいことにこそ意味があると思えてくるものです。

目標：空所補充問題の解法をマスターする
傍線部内容説明問題の解法をマスターする

文章：短い（約2000字）
出典：齋藤孝『潜在能力を引き出す「一瞬」をつかむ力』
出題校：中京大学（改）

Lesson 2

試験本番での目標時間 20分

この本での目標時間 25分

▼解答・解説 本冊26ページ

次の文章を読んで、後の設問に答えなさい。

通過儀礼とは、フランスの文化人類学者ファン・ヘネップが述べた概念で、子どもから大人になるために、たとえば火の海を歩くなどといった、苦しみや恐怖などを経験する風習です。それを経験することではじめて、その共同体から成人として認められるわけです。

スペインのアルタミラ洞窟の壁画も、そうした通過儀礼に使用された可能性があるそうです。当時、洞穴は真っ暗ですから、子どもがそのなかを歩いていくことは恐怖に違いありません。そうした恐怖のなかで、絵を通して狩猟を学び、大人たちと共に狩りに出られるようになるのです。

かつては、このような通過儀礼を経て大人の仲間入りをすることがあたりまえでした。日本にも元服という儀式があり、髷(まげ)を結ったり、名前を変えたりして大人の仲間入りをしたわけですが、現代は、このような通過儀礼はあまり意識されなくなってしまいました。

日本では二〇歳(二〇二二年四月一日からは一八歳)になれば、法的に成人になりますし、成人式を行なう自治体もあります。しかし、それは身体に刻み込まれるようなものではありません。当然ですが、成人式で暴れることは通過儀礼とは呼べません。

苦難を乗り越えることは、神話における英雄の条件でもあります。たとえば、ギリシア神話のオデッセイは、旅のなかで数々の苦難を乗り越えた末に帰還します。困難を克服して、元の場所に戻ってくる。つまり成長的循環です。

負荷や苦難に対して、それを突き抜けた時に爆発的な喜びが起こり、自分という存在が以前とは別のものになる。それが成長なのです。

マズローは、教育においても「 a 」が最終的な目標であるとしています。それを助けるのが、教育者の役割です。そこで必要とされるものは、子どもの安全や所属、愛情などの欲求を満足させること、そして、学問の持つ美に気づかせることだと言います。

通過儀礼は、子どもたちを本当の危険にさらすわけではありません。共同体のなかに受け入れられるという安全を確保しながら、大人になるためのチャレンジを促し、A<u>自分にとって本当に必要なものは何かを気づかせてくれるもの</u>です。

現代の教育や社会がその機能に欠けるとすれば、成長のためにこうした循環を自分で用意するということが、一つの方法となります。

たとえば、すべきことを前もって周囲に宣言したり、他人に言わなくても自分の目標を明確化したりする。それを達成することで、自らを肯定できるようになり、自己実現への道筋が見えてきます。

b 、自分の実力ではまったく達成できないような目標ではいけません。自分が達成できそうなギリギリのところで設定する。これは難しく、そして怖いことで、多くの人はあとで言い訳できるように、高すぎる目標を設定してしまうことがありますが、それでは意味がありません。

自己肯定感が高まると、仕事のうえでも自己実現に近づいていきます。そして、仕事で自己実現できているかの判断基準の一つは、お金がもらえなくても、やりたいかだと思います。

お笑い芸人さんのほとんどは、デビューしてからそれなりに稼げるようになるまで、相当な時間がかかります。その間は、アルバイトをしながら食いつないでいる人も多い。けれども、話を聞くと、舞台でお客さんに受けた時の喜びが大きいので、それが忘れられないと言います。だから、（もちろん売れることを目指しているわけですが）現状は給料をもらえなくても、あるいは少なくても、その喜びのために芸をするし、いったん売れてブームが去ったとしてもやめられない。舞台に立つことそのものが、喜びなのです。

スポーツ選手でも、全盛期を過ぎて年俸が落ちても、可能な限りプレーしたい、なんならプロ野球から独立リーグに移っても現役でいたい、と言う人がいます。こうした人はお金ではなく、プレーすること自体に価値を見出している。

もちろん、自分がこれだけの価値を生み出せるのだから、それ相応の対価をもらわないかぎりやらないという考え方もありますし、評価されなければ、しがみつかず潔く一線を退くという考え方もあるでしょう。

ただ、お金のために魂を殺してしまうような仕事は苦しいのです。この一分をやり過ごせば終業時間だ、と思いながら毎日働くのはストレスが溜（た）まります。いっぽう、お金などいらないからやらせてほしい、という気持ちはB無敵ではないでしょうか。そういう人は、かなりの程度、自己実現に近づいていると言えます。

誤解しないでいただきたいのですが、これは滅私奉公をせよということでも、いわゆる「やりがい搾取」に甘んじよということでもありません。また、誰もが好きなことを仕事にできるわけではないでしょうし、仕事は大変なこともありますから、すべてを「やりたいこと」にするのは難しいと思います。

（齋藤孝『潜在能力を引き出す「一瞬」をつかむ力』より。設問の都合上、本文の一部を改めた）

（注）＊マズロー……アメリカの心理学者アブラハム・マズロー（一九〇八〜一九七〇）。

問1 空欄 a を補う最適なことばを、文中より五字以内で抜き出しなさい。（句読点は字数に含めません。以下同じ）

問2 傍線部A「自分にとって本当に必要なものは何かを気づかせてくれる」とあるが、そのための方法を記述した最適な箇所を文中より十三字で抜き出し、最初の五字を記しなさい。

問3 空欄 b を補う最適なことばを、次の中から一つ選びなさい。

① さらに　② やはり　③ とくに　④ はたして　⑤ もちろん

問4 傍線部B「無敵ではないでしょうか」とあるが、その理由を筆者はどのように考えていますか。最適なものを次の中から一つ選びなさい。

① 苦難を乗り越えることに意義があるから。
② 仕事自体に喜びを見出すことができるから。
③ いくら苦痛を感じてもストレスが溜まらないから。
④ 成長できることが自分のためになると思えるから。
⑤ お金のことは、考えなくてもいい立場であるから。

問5 文中から「それは否定しません。」の一文が省略されています。どこに入れるのが最適ですか。この文をもとに戻した場合の、その直前の五字を記しなさい。

問6 本文の内容に合致するものはどれですか。次の中から一つ選びなさい。

① 多くのお笑い芸人は報酬より仕事そのものに価値があると考えている。
② ギリシア神話の英雄がみな、成長的循環を果たしているとはいえない。
③ 自分の実力では達成できないような目標を設定することは自己満足にすぎない。
④ 人はやりたい仕事に価値を見出し、それが評価されればお金はいらないと感じる。
⑤ 現代の教育や社会では自分にとって本当に必要なものが何かを気づくことができない。

Lesson 3

「芸術」の話

芸術というと絵画や彫刻や音楽など様々です。皆さんにとってあまりなじみがないテーマかもしれません。しかし、たとえば動画や写真も芸術なのです。今はスマートフォンがあれば誰でも芸術家になれる時代。日々の生活の道具であるスマートフォンで芸術家デビューするためにも、そもそも芸術とはなんなのかを知っておくと意外と役に立ちますよ。

目標：傍線部理由説明問題の解法をマスターする

文章：長い（約5100字）

出典：高階秀爾『西洋の眼　日本の眼』

出題校：神奈川大学（改）

試験本番での目標時間 25 分
この本での目標時間 30 分
▼解答・解説 本冊 40ページ

次の文章を読んで、後の設問に答えなさい。

[1]「マスターピースとは何か」というきわめて直截（ちょくせつ）な題名の講演の最後の部分において、ケネス・クラーク卿（きょう）は、次のように結論を述べています。

　マスターピースという言葉には、さまざまな意味がまとわりついているが、結局のところそれは、時代の精神を深く自己のものとして、個人的体験を普遍的なものと成し得た天才芸術家の作品のことである。

すなわちマスターピースとは、第一に天才芸術家の手になる芸術作品であり、第二にそれは芸術家自身の時代の表現でなければならず、そして第三に、それは普遍的価値を持つべきものであるということです。ここで中心となる主役は、天才芸術家です。もちろん、その他にもいくつかの条件がある。価値判断が問題となっている以上、マスターピースが芸術作品としての質の高さを保持していなければならないことは明白です。技術的な巧妙さ、明晰な知的判断、優れたデザイン感覚などは、当然必要な前提条件だということです。また芸術家たちは時代の制約から逃れることは出来ず、どのような芸術家も、自己の時代の技術の可能性と芸術的ヴォキャブラリーの範囲のなかで制作しなければならないということも、また明らかです。クラーク卿は、マスターピースを生み出すのに適した時代とそうでない時代があるということを認めています。「もしある芸術家が、幸運にも数多くの偉大な絵画理念が生きている時代に生まれたとしたら、彼がマスターピースを生み出すチャンスはそれだけ大きい」とクラーク卿は言っています。「しかしながら、最終的には、マスターピースは芸術家自身の天才の創造に他ならない」と卿は断定しています。

もともと「マスターピース」という言葉は、もっと正確に言うならその祖先にあたるドイツ語の **2**「マイスターシュトゥック」という言葉は、中世の末期に登場して以来、必ずしも「天才」ではないにしても、少くとも高度に優れた技術を持った「芸術家」という意味をつねにそのなかに含んでいました。そのなかにある「マスター」あるいは「マイスター」という語が示しているように、それは本来、若い見習い職人が「マスター」（親方）になるために提出しなければならない作品のことを言う言葉だったからです。その作品は、ギルド、すなわち同業者組合の審査会で審査され、そしてもしそれが、必要な水準の技量を充分に示していると判定されれば、作者はギルドへの加入が認められ、「マスター」として職業活動に従事することが出来るという仕組みでした。したがって当初の意味では、候補者に期待されているものは、手業（てわざ）の技量、技術的能力でした。しかしその後、ルネッサンス期以降、「マスターピース」の基準は、職人的技能から芸術的な質の方へと次第に移行して行きます。技術的腕前の確かさということは、むろんいつでも必要とされています。しかしながら、ウォルター・カーンがそのきわめて充実した内容の研究書『マスターピース』のなかで指摘している通り、芸術家の創造力の方にいっそう大きな力点が置かれるようになるのです。その過程において、「マスターピース」という言葉は、建築、絵画、彫刻の領域において用いられるものとなり、単なる技能の巧拙よりも、より高い次元の芸術的達成を意味するようになったのです。

次の段階、すなわち十七世紀において、**3**この言葉はさらに別の新しい特徴を加えることとなります。「卓越性」という概念が最も重要視されるようになり、卓越した作品は手本とすべき優れた範例と考えられた故に、それは規範としての性格を備えるようになったのです。そのことは特に、フランスのアカデミー世界において顕著でした。ドクター・ジョンソンは、その『英語辞書』（一七五五年）において、「マスターピース」とは「優れた卓越性」を意味すると述べていますし、フランスのアカデミーの芸術理論の熱心な唱導者であったアンドレ・フェリビアンは、「メディチのヴィーナス」や「ラオコーン」や「ファルネーゼのヘラクレス」のような古代ギリシャ彫刻を、「マスターピース」であり優れた範例だと語っています。これらの彫像は、当時はきわめて高く評価され、数多くの石膏像や模刻像で複製されましたが、その事実は、それらが手本として高い権威を持っていたことを物語っています。

この簡単な概観から、西欧の思想においては、「マスターピース」の観念は、本質的に、作品そのものに内在する性格に依拠するものであることが明らかであるように思われます。技術的な巧妙さ、表現力の強さ、美的特質などが「マスターピース」を判定する基準であり、もしある芸術家が、その創造活動の成果として、その作品にこれらの特性を附与するという困難な課題を達成し得たとすれば、その作品は「マスターピース」となって、普遍的称讃を獲得することが出来るというわけです。とすれば、われわれは、このような考え方を4「創造の美学」と呼ぶことが出来ましょう。

では日本においては「マスターピース」の考え方はどのようなものなのでしょうか。

まずはじめに、言葉について若干の考察を試みることが必要であると思われます。というのは、日本語において「マスターピース」に正確に対応する言葉を見出すことは、必ずしも容易ではないからです。もちろん、辞書を引けばいくつかの答が出ている。そのなかで現在最も普通に用いられているのは「傑作」という言葉でしょう。しかしこの言葉はわれわれの目的にはあまり有効ではありません。というのは、それは古い中国の文献にすでに登場して来ますが、それはもっぱら詩について、つまり文学作品に対して用いられているもので、少くとも日本では、美術作品についての文献では使われていないようだからです。むしろ「名作」あるいは「名品」というのが有力な候補ですが、ここでは、それとほとんど同じような意味合いの5「名物」がわれわれにとって最も適当であるように思われます。なぜなら、それは、広く一般に「卓越したもの」と認められている芸術作品を指示するのみならず、実際にどのような作品がそれにあたるかを記載したリストないしは記録が「名物記」や「名物帖」といったかたちで数多く残されているからです。さらには、その評価をも含めた批評、例えばひとつだけ例を挙げるなら、十八世紀末に書かれた『古今名物類聚』全四巻のような文献もあります。これらの文献が主として茶の湯の世界にかぎられたものであることは事実です。しかしながら「名物」という言葉の基本的意味は明らかであり、それは他の分野においても適用可能であり、実際にも用いられて来ました。少くとも十六世紀後半に日本にやって来た西欧人たちは、この言葉をそのような一般的な意味に解していました。事実、通常『日葡辞書』という名で知られている一六〇三年刊の“*Vocabulario da lingua de Japon com a declaçao em portugues*”は「名物」という語を取り上げて、「卓越したもの」(excellente coisa)という意味を与えています。それ以外に、ある特定の領域での「卓越したもの」を表わす言葉は、いろいろある。例えば絵画の分野では「名画」という言葉が中国でも日本でも古くから用いられていますし、武具に関しては「名刀」という言葉があります。その分野というのは、人工物にかぎられるものではありません。自然の風物もまた同じような評価の対象となります。実際、古い文献にはしばしば「名所」、「名山」、「名水」、さらには「名馬」といったような言い方が登場して来ます。また「巨匠」、「達人」を意味する「名人」という言葉もあります。これらの言葉は、すべて同じ一族のものと言えます。というのは、一見して明らかなように、それらはすべて漢字二字から成り立っており、その最初の漢字が「名」であるという共通性を持っているからです。したがって、「名物」とは、直訳すれば「名前を持った物」ということであり、「名画」は「名前を持った絵画」、「名刀」は「名前を持った刀」等々ということになります。この事実は「名前」というものが、何らかの価値評価の特性を持っているということを暗示しています。と言えばおそらく、名前とは単に記号に過ぎないもので、ものの本質とか特性とは何の関係もないという反論がすぐに提起されるでありましょう。

　しかしながら日本においては、名前は単なる名前ではない。例えば、その典型的な一例として、歌舞伎の世界における「襲名」という重要な儀式を挙げることが出来ます。それはある役者が、団十郎とか菊五郎といったような由緒ある名前を継ぐことですが、これらの名前には、それ以前に何世代にもわたってその名を名乗った人々の思い出がまつわりついており、それが一種の性格ないしは様式を形成するまでに至っているのです。つまりこれらの名前は単なる記号ではなく、ほとんどひとつの人格とも言えるもので、その尊ぶべき名前を新たに継ぐ者は、そのことによってそれまでとは違った存在となる、あるいは少くとも違った存在となるよう期待されます。彼は、同じ名前の多くの先人たちに捧げられたさまざまな称讃や感嘆のいわば貯蔵庫であるその名前にふさわしい存在となるよう努めなければならないのです。同様の過程は、有名な場所である「名所」についても観察することが出来ます。そしてこのことは日本の美的伝統においては特に重要です。「名所」は、もともとは「名ある所」（つまり逐語(ちくご)的には「ある名前を持った場所」、「よく知られた場所」）と呼ばれていました。ある特定の場所が有名になる理由はさまざまです。神道の信仰に基づく自然崇拝によるものもあれば、桜の花が見事だとか、清冽（せいれつ）な河の流れが美しい等の自然の魅力による場合もある。いずれにしても、いったんある場所が精神的ないしは美的意義を附与されれば、多くの人々がそこを訪れて崇拝し、嘆賞し、歌を捧げ、絵画に描き出します。その結果、その場所は多くの記憶の集積を獲得することになります。つまり、長い歳月のあいだに、さまざまの豊かな記憶と結びつけられることによって、ある場所が「名所」の地位を得るわけです。この記憶の集積を慕ってやって来た歌人や画人たちは、そこで6先人たちと対話をかわし、過去の思い出とのつながりの上に自分たちの芸術世界を築き上げようとします。記憶はまた、共通の遺産によって人々を結びつけるだけでなく、視覚芸術においても文学においても、芸術創造のきわめて特異な手法、遣（や）り方の発展を促しました。日本の芸術において、芸術的暗示や引用、あるいは確立されたイメージや約束事が特に重要な役割を演じるのはそのためです。詩歌においては、それは「本歌取り」や「見立て*」などの方法にうかがうことが出来ますし、視覚芸術においては、名所を描く時に、画家は確立されたモチーフを必ず取り入れるように努めます。先行する芸術家たちとの対話、あるいはその思い出に基く創造活動は、時にほとんど共同制作の趣きをすら見せることがあります。

日本の美学的伝統においては、芸術家同士のこのような相互交渉が創造活動における本質的な部分を形成しているということは、見逃すことの出来ない重要性を持っています。画家たちも歌人たちも、先人の芸術家たちとばかりではなく、しばしば同時代の仲間たちと絶えず対話を交わしていました。伝統的に、日本の多くの芸術形式は、実際の人間的交わりのなかから発生して来ました。三十一文字の詩である和歌は、人間同士の社交的なさまざまの機会に交わされるのが習いであり、後には、歌合わせなど特にそのための集まりまで創られました。そのような集まりでは、そこに居合わせた人々によって鑑賞され、評価されなければ、歌として完成したものとは見做（みな）されませんでした。すなわち、仲間の歌人たちの存在と鑑賞が不可欠であり、もしある歌が広く皆の賛同を得て、高い水準の卓越性に達していると判定されれば、それは至高の芸術作品と認められ、やがてはマスターピース（名歌）となるわけです。つまりその過程は、日本では西欧とちょうど逆です。マスターピースが普遍的な承認をもたらすのではなく、むしろ仲間の芸術家や鑑識家の評価が、ある作品をマスターピースたらしめるのです。これは西欧における「創造の美学」に対して、**7**「鑑賞の美学」と呼ぶことが出来るでしょう。

（高階秀爾『西洋の眼　日本の眼』より。ただし一部省略がある。）

（注）＊見立て……あるものを他のものになぞらえる作り方。また、比喩仕立ての句。

問1　傍線部**1**「『マスターピースとは何か』」とあるが、クラーク卿の考える「マスターピース」の説明として最適なものを次の中から一つ選びなさい。

①　多くの絵画理念が生きている時代に、天才芸術家が自分自身を主役として、高い技術力で描いた芸術作品。

②　一人の芸術家が、個人的体験を時代の流行にあわせながら制作し、普遍的な価値へと到達させた芸術作品。

③ 時代の技術と芸術的ヴォキャブラリーの範囲で、天才が創造した、高い質と普遍的価値を備えた芸術作品。

④ 時代精神を深く理解した上で、それを乗り越えた、優れたデザイン感覚と明晰な知的判断をもつ芸術作品。

問2 傍線部**2**「『マイスターシュトゥック』という言葉」とあるが、中世末期において、この言葉はどのような作品を指し示していましたか。その説明として最適なものを次の中から一つ選びなさい。

① 若い見習い職人が天才的芸術家へと成長するため、すぐれた技術的能力を活かして一心不乱に制作した作品。

② ギルド加入のため、まだ技術的には未熟な若い職人が高い意欲をもち、長い時間をかけて制作した実用的な作品。

③ 「マスター」として職業活動に従事するため、若き天才技術者が同業者組合へ提出しなければならない芸術的な作品。

④ 若い見習い職人が、同業者組合の審査会で、手業(てわざ)の技量、技術的能力を判定してもらうために提出する作品。

問3 傍線部**3**「この言葉はさらに別の新しい特徴を加えることとなります」とあるが、十七世紀に「マスターピース」という言葉の意味はどのように変化しましたか。その説明として最適なものを次の中から一つ選びなさい。

① 高度な技術的能力にかわって新たに「卓越性」という概念が重要視されるようになり、「優れた卓越性」を認められた彫像が次々に複製されたことで、彫刻の地位が高まっていった。

② 十七世紀になると、「卓越性」という概念による古代ギリシャ彫刻の再評価の機運が高まり、フランスのアカデミー世界においては、彫像こそが「卓越性」の象徴となっていった。

③ 「卓越性」という概念が重要性を増したことと連動して、卓越した芸術作品は規範としての性格を備えるようになり、範例とされた複製品までもが芸術とみなされるようになっていった。

④ 従来の意味を残しながらも、「卓越性」という概念が重要視されるようになり、卓越性をもった作品は優れた範例としての地位を獲得することで、芸術作品の手本となっていった。

問4　傍線部**4**「『創造の美学』」とあるが、その考え方についての説明として、問題文の内容と合致するものを次の中から一つ選びなさい。

①「マスターピース」とは、芸術家が創造した作品そのものに内在する性格によって評価されるものだという考え方。

②「マスターピース」の選定では、技術的巧妙さよりも、表現力の強さや美的特質を重要視すべきだという考え方。

③「マスターピース」とは、作品に「卓越性」を附与するという困難な課題を達成した芸術家自身を指すという考え方。

④「マスターピース」の選定では、「卓越性」を重んじた芸術家の、継続的な創造活動を評価すべきだという考え方。

問5　傍線部**5**「『名物』がわれわれにとって最も適当であるように思われます」とあるが、「マスターピース」の訳語として、「名物」が「最も適当」だと判断された理由として最適なものを次の中から一つ選びなさい。

①　現在最も普通に用いられており、中国の文献にも登場し、詩などの文学作品についても該当する訳語だから。

②　有力な日本語訳の候補である「名作」「名品」と同様、日本では美術作品についての文献に登場しているから。

③　広く一般に「卓越したもの」と認められた芸術作品を指示し、その具体例が記録によって残されているから。

④　他の分野には適用が難しい訳語であるが、茶の湯にかぎれば「名物」という言葉の基本的意味は明らかだから。

問6 傍線部**6**「先人たちと対話をかわし、過去の思い出とのつながりの上に自分たちの芸術世界を築き上げようとします」とあるが、ここでいう「対話をかわ」すとは、どのようなことですか。その具体例として最適なものを次の中から一つ選びなさい。

① 現地を訪れた人々の記憶を、いわば集蔵庫としてもつ「名所」を訪れた画人は、先行する芸術家がその場所を描いた作品を買い集め、そこに最も多く描かれたモチーフを自作に取り込み、伝統に連なろうとしていく。

② 「名所」を訪れた歌人は、先行する芸術家の人生や思い出を振り返りながら、芸術的暗示や引用などの特異な手法を用い、共同制作の中に個を埋没させていくことで、日本の美学的伝統に連なる和歌を詠んでいく。

③ 精神的ないしは美的意義が附与された「名所」は豊かな記憶の蓄積をもつが、そこに集った歌人は、先行する芸術家による作品を積極的に参照し、取り入れ、それらとの相互交渉から自らの芸術作品を創造していく。

④ 先行する芸術家への尊敬の念を高めることで、画人は「名所」について彼らが見ていたはずのイメージをなるべく正確に想像し、それを現代の芸術的ヴォキャブラリーのなかで忠実に再現することで芸術を創造する。

問7 傍線部**7**「『鑑賞の美学』」とあるが、その考え方についての説明として最適なものを次の中から一つ選びなさい。

① 芸術作品は、創作の現場に居合わせた人々の鑑賞によって完成するものではなく、それ自体がもつ内在的価値によって評価すべきで、それゆえに共同制作は評価できないという考え方。

② 芸術作品は、芸術家同士の相互交渉や先人との対話から創られると同時に、その卓越性を芸術家の仲間うちや鑑識家たちによって承認されることが重要だという考え方。

③ 芸術家の仲間うちでの評価は賛否両論になったとしても、芸術家は自らの美学を信じて創作活動を進めるべきで、その結果として生まれた卓越した作品をこそ評価すべきだという考え方。

④ 才能豊かな天才芸術家個人によって創られた芸術作品は、作品そのものに内在する美的価値によって評価されるべきで、そうした優れた卓越性をもつ作品だけが鑑賞に値するという考え方。

Lesson 4

「和歌」の話

現代文でも古文の内容に関わる文章が出題されることがあります。古文や歴史が苦手な人にとってはなかなかとっつきにくいですが、古文や歴史の勉強に深みを持たせるという目的であえて読んでみてはいかがでしょうか。「和歌」に関して知識が深まると、古文や歴史の勉強も楽しくなってきます。

目標：キーワード説明問題の解法をマスターする

文章：標準（約2900字）
出典：渡部泰明『和歌とは何か』
出題校：京都産業大学（改）

Lesson 4

試験本番での目標時間　20分

この本での目標時間　25分

▼解答・解説 本冊58ページ

次の文章を読んで、後の設問に答えなさい。

中世に至ると、和歌もずいぶん仏教の影響が色濃くなる。「歌を作る作者」は、仏教者の目から捉え返されることにもなる。もっとも有名な(注1)遁世(とんせい)歌人の一人西行は、和歌の大事さについて、次のように語ったといわれている。

わが歌は、(注2)如来の真実の姿と変わらない。だから、私は、一首詠んでは一体の仏像を造ったと思い、一句考えることが秘密の真言を唱えることと同じだと思った。私は、和歌によって仏法を悟るところがあった。

（『栂尾明恵上人伝記(とがのおみょうえしょうにんでんき)』）

和歌を作ることは仏像を造ることや「真言」（真理を表す呪文）を唱えることと同じで、悟りへの導きとなると言う。こうなると、「歌を作る作者」は「悟り」を得る作者のことになる。俗なる人間から、悟りを得ることまでの過程として把握されているのである。実際には西行の発言ではないことが判明しているのだが、A<u>しかしそのように信じられていたことが大切である。</u>実際に作歌という行為は、仏道修行としてさえ把握されることがあった。そこまで言うのは特殊なケースではあるが、和歌の修練が仏道修行にも似た修業だと意味づけられることは、ごく普通に見られた。和歌は雑念を払い去り、執着を脱却し、澄んだ私心のない心を得させるものだと、繰り返し指摘された。あるいはまた、そういう澄んだ心でなければ歌は詠めない、と教えられた。述べている方向は逆だが、「歌を作る作者」が、そのような格別な心へと至る過程と重なっていることは確かであろう。中世の古今伝授[注3]で、「無心」や「虚心」が強調されていたことなどもそれに関わる。古今伝授も、理想的な作者となるための、「歌を作る作者」としての教育プログラム、すなわち修業なのである。

和歌は古代社会の産物である。古代社会とは貴族社会のことである。貴族が自分たちの心を表すために生み出し、完成させた詩が和歌であった。もちろん、『万葉集』を含めて。だとすれば、当然、古代社会が崩壊して、中世社会（鎌倉・室町時代）へと移行したことによって、B和歌は衰亡してもおかしくなかった。担い手となる階層が力を失っていくのだから、彼らの表現手段も衰退するのが当然であったろう。しかし、和歌は滅びなかったし、縮小もしなかった。むしろ担い手となる階層を広げ、前代と比較にならぬほど大量の歌が作られた。

中世に入って和歌世界がさらに拡大した大きな要因の一つに、和歌が教育と結びつき、修業や精神修養の役割も兼ねるようになったことを挙げておきたい。文語としての日本語の精髄であり、物語など散文を含めた他の多くの文学作品、さらに演劇・美術・工芸などさまざまな文化領域ともかかわりが深い和歌は、基礎的教育科目として理想的なものと見なされた。

［甲］、自分で作れるところがいい。詠むことによって、その世界に参加できるからである。［乙］、『源氏物語』をふまえた和歌を作ることで、この大長編を読破し我が物としたと、誇らしげに示すことができる。［丙］実際には、ダイジェスト版が用いられることが多かったのだが。和歌を作ることによって、和歌世界のみならず「みやび」の世界に参入し参加している、という実感を得ることが可能になるのである。この和歌の参加感を、集団制作の形をとっ

て、さらに直接的に感じ取られるものとしたのが、中世に流行した連歌である。

ともあれ、参加できる仕組みを持つことによって、和歌はすたれなかった。「作品の中の作者」はいわば理想的な人物であり、そこへ至るために、歌を作る努力を繰り返す。作ることが、修業であり、精神修養となる。それゆえ「歌を作る作者」は、理想へ至る過程として位置づけられるのである。こうして和歌は、社会的意義を新たに獲得しつつ、滅亡をまぬかれた。C 和歌が縁遠いものになったことが、逆にそれを目標にすることを可能にした。和歌への距離感が、憧れに転化したのである。

D 近世社会に移っても、修業・修養としての和歌の意義は、継承された。上野洋三氏の整理・分析によれば、中世の歌論を受け継いだ堂上（貴族）の歌論でも、やはり「無心」を得るための精神の鍛錬が強調され、「まこと」（信・真・実・誠）が求められた。そしてその論理は、やがて、地下（貴族以外）にも広まり、また俳論[注4]などにも継承されていった。蕉風俳論の「不易流行論」などがその一例だという。

近代社会に至ってついに和歌は滅び、近代短歌・現代短歌がそれに取って代わった、とされている。ここで、古典和歌と近現代短歌の関係を論じる余裕も能力もないのだが、ただ一つ言っておきたいのは、五句・三十一音の詩の形式をとり、しかも「それを作ることは精神修養につながる」という考え方は、近代以降にもしっかりと受け継がれていったことである。斎藤茂吉の「実相観入」などという言葉を読むと、とくにそう感じる。これもまた、「無心」の系譜に連なるものと言えないだろうか。

和歌は、人の生き方という側面に関わることによって、時代を越えて生き延びてきた。断っておきたいのだが、私は、和歌が長い歴史を持っていることについて、それだけで素晴らしい文化だと胸を張るのは、早計に過ぎるだろうと思っている。「吾が仏尊し」、つまり自分の信奉するものだけが尊いという態度は、かえって和歌の底にあるものを覆い隠してしまう危険性がある。権威への盲従すら生みかねない。和歌は権威主義や事大主義(注5)とも、実に相性がよいのだ。しかし、理想を追い求めながら、なおかつ人々とともに現実を生きようとする営為と関わってきたこともまた、忘れたくないと思う。その営為に対して演技という名を与え、その意味についてあれこれ考えてきたつもりである。演技は、現実と虚構(理想)が重なり合うところに存在するからである。

和歌は、時代を越え、一貫して「無心」と深い関わりを持っていた。いったいどうしてだろうか。そもそも無心とは何なのだろうか。簡単には答えにくいことだが、少なくとも無心が、雑念を去った、集中した状態を指すことは間違いないだろう。優れた作品は、集中した心がなければ生み出しにくいし、先入観や下心を持っていると、なかなか良い作品にはならない。だが、そうした常識論だけではなく、「無心」にはもっと大事な要素が含まれているだろう。

それは、我を捨てる、ある種の敬虔さではないか。歴史に対する敬虔さである。言葉の歴史を受け継ぎ、次代へと受け渡そうとする意志が連綿と連なってきたこと、それへの敬虔なる思いであり、それに自分もまた連なろうとする意志が、無心を生むのだろう。そうした無心を核として、和歌は、演技され、生きられていた。およそ浮世離れしたみやびの世界と思われがちな和歌だが、生きることと深く結びついていたと思う。それだけではない、偶然と運命に振り回されながら生きる私たちの生そのものが、実は詩の形をしていたのではなかったか、とすら思わせないではない。さすがに、「吾が仏尊し」であろうか。

(渡部泰明『和歌とは何か』より。ただし、本文に一部省略がある。)

（注）＊1 遁世……出家すること。
＊2 如来……仏の尊称。
＊3 古今伝授……『古今和歌集』の解釈上の問題点を、師匠から弟子へ教授し、伝えてゆくこと。
＊4 俳論……俳諧の原理、本質についての理論。
＊5 事大主義……勢力の強い者に追随する態度。

問1 傍線部**A**「しかしそのように信じられていたことが大切である」とはどういうことですか。最も適切なものを次の中から一つ選びなさい。

① 当時からこれは西行の発言でないことは知られていたが、遁世歌人の西行の発言とされることによって有名になり、後世の人々がそれを信じたこと。

② 当時からこれは西行の発言でないことは知られていたが、和歌を作る行為は仏道修行になると西行が信じたことで、和歌を作る行為が盛んになったこと。

③ 西行がこのように発言したと信じられたことで、和歌を作ることは仏道修行に通じるという考えが後世に大きな影響を与えるようになったこと。

④ 西行がこのように発言したと信じられたことで、後世の歌人たちがすぐれた和歌を作るために仏道修行をし、盛んに経を唱えるようになったこと。

問2 傍線部B「和歌は衰亡してもおかしくなかった」のはなぜですか。最も適切なものを次の中から一つ選びなさい。

① 和歌が芸術としてよりも教育と結びつくようになったから。
② 歌人たちが次第に表現意欲を失ってしまったから。
③ 和歌の役割が他の文学作品によって担われるようになったから。
④ 和歌を生み出した貴族たちが力を失ったから。

問3 空欄 甲 、 乙 、 丙 に入る語句の組み合わせとして最も適切なものを次の中から一つ選びなさい。

① もっとも——例えば——なかでも
② もっとも——なかでも——例えば
③ 例えば——もっとも——なかでも
④ 例えば——なかでも——もっとも
⑤ なかでも——もっとも——例えば
⑥ なかでも——例えば——もっとも

問4 傍線部C「和歌が縁遠いものになったことが、逆にそれを目標にすることを可能にした」とはどういうことですか。最も適切なものを次の中から一つ選びなさい。

① みやびとは縁遠かった人々が、読み切るのが困難であるがゆえに、『源氏物語』を読むことに一層の意欲を持つようになったこと。

② 精神修養のために和歌を作っていた人々が、新しい時代になってむしろ和歌本来の芸術的達成を求めるようになったこと。

③ 連歌を作ることで文学の世界に参入しようとした人々が、みやびを求めて一層努力し、修練を積むようになっていったこと。

④ これまで和歌を作らなかった階層の人々が、かけ離れた世界に強く心を惹かれ、理想の歌人になることを目指しはじめたこと。

問5 傍線部D「近世社会に移っても、修業・修養としての和歌の意義は、継承された」とはどういうことですか。最も適切なものを次の中から一つ選びなさい。

① 和歌を作ることが修業・精神修養につながるという考えは、近世社会では俳諧という新たに発展した文芸の中にも受け継がれていったということ。

② 和歌を作ることが修業・精神修養につながるという考えは、近世社会では「まこと」を求めるべきだという論理となり、精神の鍛錬という性質が強まったということ。

③ 和歌を作ることが修業・精神修養につながるという考えは、近世社会ではさらに精神の鍛錬が強調されたことで一層堅固なものとなり、後代にまで影響を及ぼしたということ。

④ 和歌を作ることが修業・精神修養につながるという考えは、近世では消滅し、やがて近代短歌、現代短歌がそれに取って代わったということ。

問6 傍線部E「和歌の底にあるもの」にあてはまらないものを次の中から一つ選びなさい。

① 雑念を去り集中した境地。

② 長い歴史によって培われた権威。

③ 演技をともなって理想を表現すること。

④ 人間の生きようとする営為に発していること。

問7 筆者のいう「無心」を説明したものとして最も適切なものを次の中から一つ選びなさい。

① 過去から未来へと言葉の歴史をつないでいこうとする意志への敬虔な思い、そして、そこに自らも加わろうとする意志が生み出す心。

② 雑念を去った状態で和歌を詠もうとする集中した心、そして、そこから自分の先入観や下心を排除していこうとする意志。

③ 和歌の長い歴史に敬虔な思いを抱き、次代に受け渡していこうとする意志、そして、素晴らしい文化だと信奉して胸を張る態度。

④ 理想を追い求めながらも、人々とともに現実を生きようとする思い、そして、演技することによってさらに生きることと結びつけようとする意志。

問8 この文章を評したものとして最も適切なものを次の中から一つ選びなさい。

① 仏教の和歌への影響について、まず結論を述べ、続いて和歌が連綿と時代を越えて受け継がれてきた経緯を解説し、最後に筆者の和歌に対する考えをまとめている。

② 和歌の精神修養の機能について定義した後、古代社会から近代社会まで和歌が発展してきた経緯を述べ、最後に和歌に対する筆者の思いを述べている。

③ 仏道修行と和歌の関係を論じた後、理解を助けるための具体例を提示しながら、和歌が受け継がれてきた経緯を述べ、最後に和歌に対する筆者の考えをまとめている。

④ 和歌を作ることについて、導入部で具体例を挙げてから問題提起を行い、和歌と人間の営為の関係を論じた後、最後に読者に疑問を投げかけている。

Lesson 5

「社会」の話

社会というのは人の集まりです。人は色々な行為をしますから、それらの行為が集まってできたのが社会です。そして、それらの行為には名前がついていますが、その名前をつけることこそが学問なのです。皆さんも自分や周りの行為の名前を知ると、人間関係の理解が進むと思います。

目標：脱文補充問題の解法をマスターする

文章：長い（約4300字）

出典：今村仁司『交易する人間』

出題校：東洋大学（改）

Lesson 5

試験本番での目標時間 30分

この本での目標時間 35分

▼解答・解説 本冊74ページ

次の文章を読んで、後の設問に答えなさい（段落冒頭の数字は段落番号を示します）。

1 人間は単に生きるのではない。人間は生きるために「社会」を作り、自分で作った「社会のなかで」生きる。ここでいう「社会」という用語は、広い意味での「社会」であり、もっとも平凡な言い方では人と人の「つきあい」であって、この意味では「社会」を「共同体」と言い換えても内容は同じである（利益集団としてのゲゼルシャフトと非利益的で相互扶助的なゲマインシャフトという歴史学的で社会学的な区別は、この段階では無用である）。

2 人間たちは、生きていくためには、すなわち自分たちの生活を維持し再生産するためには、なんらかの「つきあい」の形式を作りだしていかなくてはならない。「つきあい」を相互関係、相互行為、相互交渉あるいは交際と呼ぶこともできる。ここでは相互行為という用語を社会生活の意味で一般化して使用することにする。

3 人間が社会生活をするとき、多種多様な相互行為をおこなうだろう。それらの行為は複合的であり、混在的であり、重層的である。単独的で単層的相互行為はむしろ［W］である。社会生活は、こうした種々の相互行為の巨大な集まりである。相互行為というつきあいの集積のみが事実として存在する。われわれが経験するのは、そうした漠然たる行為の集合であるが、それに対して社会または共同体という名前を与えて、その種々の側面を説明するための努力がなされてきた。

4 それは、精密であろうと粗雑であろうと、人間の自己理解の努力であり、それを一般に学問または科学と呼ぶ。相互行為の巨大にして漠然とした集積に名前を与え、さらにその種々の側面にも種々の名前を与えたときから、人間の自己理解が始まっている。命名は認識のはじまりである。認識しつつ自己を理解する精神の努力は、まずは行為の集合を分解し、それぞれの要素を孤立的に抜き出すことから出発する。

5 相互行為においては、人と人が交渉するだけでなく、交渉を通して物が移動する。事物の空間的移動に対しては「交換」という名前が与えられた。事物の取得能力および能力の移転については「法／権利」（ライト［英］、レヒト［独］、ドロワ［仏］）の名前が与えられた。事物の空間的移動と権利の移動をめぐる駆け引きには「取引」（トレード、トランズアクション）の名前が与えられた。

6 事物や権利の個人または集団へ帰属する仕方については「分配（再分配）」の名前が与えられた。法／権利以前の、あるいは法／権利の不在の状態での、事物の処分権または移動に関しては「略奪」または「戦争」の名前が与えられた。

7 さらに、私的所有権以前の所有のあり方と事物の移動については「贈与」の名前を与えた。そして事物を取得したときの当事者たちの満足のあり方については「等価の交換」（または不等価の交換）という名前を与えた。事物が数々の人手を渡り歩いた結果として、事物の取得者たちの生活状態がほぼ同等であると全員が承認するときには、その状態には「平等」という名前を与えた。

8 市場的交換があるところでは、交換される事物の等価と不等価を測定する尺度については「貨幣」という名前が与えられた。財の量の大小、それにともなう社会的威信の大小は、

「階層制（ヒエラルヒー）」と呼ばれ、財と勢力の不平等に基づく権力の関係に対しては、「　X　」の名前が与えられた。最後に、人間と自然の相互行為に関しては「労働」の名前が与えられた。

9 名づけは、漠然とした全体に区別と差異を入れて分解しながら全体を理解するための基本的作業である。人間の一つ一つの相互行為について名づけをすることも、相互行為のなかに含まれる。名づけは人間の自己理解の仕方であり、それによって人間は自分が生きている世界とそのなかで生きる自己を理解する。その理解の仕方が想像的神話的であろうと、理性的科学的であろうと、二つは理解の仕方としては同等の資格をもつ。

10 ともあれ人間はまず事物について、そして相互行為について名前を付与せずには生きることができない。身体を維持する行動をどのような名前で呼ぼうと、またその行動が交渉する対象にどのような名前を与えようと、命名法としては同等である。われわれはある行動を習慣的に労働と呼び、労働の相手を自然と呼ぶが、別の呼び方があっても構わないし、どのような意味をそれらに与えようと構わない。命名は人間の自己理解の仕方であり、それが相互行為の基礎的で基本的な構成要素であることが確認できればここでは十分である。

11 社会のなかで生きる「人間」とは、こうした相互行為の集合である。右にあげた命名は全体としての相互行為の断片についての名づけでしかない。言うまでもなく、個々の名前はそれでもって全体を表現することはできない。一つ一つの名前は、個々の行動領域の特性を描くのに貢献するだろうし、事柄の名前が領域の差異を示すのではなくて、より一般的な想念にまで深まるなら、それは個別領域の認識まで前進するだろう。

12 しかし命名が固定され、事柄の単なる符牒（ふちょう）になり、符牒が含む想念も固定的になるなら、その名前と符牒が人々を拘束して、他の名前との関連、他の領域との相関関係を喪失するように傾いていくだろう。言い換えれば、名づけ行為は人間の自己認識にとって巨大な一歩を進めることであったが、今度はその命名がなんらかの仕方で、しばしばたいていは習慣という形で、権威をもち、人々を縛(しば)るとき、その名前が指示する範囲の事柄がそれだけで充足しているかのように自立性をおびてくるし、あるいは人々がそのように思い込むようになる。

13 たとえば、ある種の相互行為を、いま生きている自分の経験から交換と名づけるとき、その経験内容が交換に付与され、そして固定されるとき、人は交換行為がどの地域でも、どの時代でも同じであったと思い込むようになる。もっと重大なことは、特定の相互行為、たとえば交換は、経済的行為を意味するだけであって、そのなかには他の一切の相互行為は存在しないと信じるようになる。これが＝個別的名づけの危険な性質である。

14 ところで、いま述べた危険を回避するために、個々の相互行為に付与される個別の命名は広大な相互行為の集合の一部であることを忘れるなというだけでは Y である。たしかに部分が全体の一部であることを忘れないことはいいことかもしれないし、それを忘れないように注意深くあることも大切であるかもしれない。しかしたとえそれを忘れないにしても、部分を固定し続けることには変わりない。ここで問題にしようとしている事態は、複数の部分領域が寄り集まって全体的集合を作るといったことではない。

15 いわゆる部分はそれだけで自足できないように本性的にできていること、あるいは部分と全体という用語をとりあえず使用するなら、いわゆる部分はすでにそれだけで全体的なのである。部分が全体的であるというのは、部分が自立化するということではない。一つの相互行為はたしかに特定の領域の特質を際だって表現するのであるが、それは同時に他の相互行為を内在させており、他の相互行為をも表現しているのである。

16 一見したところで、経済的行為に見えるとしても、それは同時に政治的であり、法／権利的であり、宗教的あるいは儀礼的であり、審美的である、等々。相互行為とは、人間と人間の相互行為、人間と自然の相互行為であるばかりでなく、相互行為の相互行為でもある。行為の相関関係は、(注1)相依相待(そうえそうたい)関係であるとも言えるが、そうした相関関係は、分離した部分と部分がふたたび結合するという関係ではなくて、一つの行為において、その行為を舞台にして、複数の行為が同時的に集積している状態であり、ある相互行為においてはある種の生活様式が重点的に際だつというにすぎない。

17 たとえば、(注2)アルカイックな社会において人が贈与するという行為を観察して、観察者は贈与を経済的行為とみなすかもしれないが、そうではない。そこでは他人に何かを贈与するという相互行為は、事物の交換にみえるとしても、けっして経済交換につきるのではなくて、それはそのまま宗教的、習俗規範的、政治的、儀式的、等々の集合なのである。近代経済の交換ですら、自立的にみえても、それは同時に法／権利的であり、政治的であり、宗教イデオロギー的であり、それらの複合態である。

18 どの相互行為を取り上げても、そこには他の相互行為が介在しており、単に相関すると言うだけではすまないほどに相互侵入的であり、相互に拘束的である。経済的駆け引きは、法／権利の特定の理念に従っておこなわれ、駆け引きは政治戦略でもあり、闘争的であり、そしてたいていは宗教的儀礼的な約束事に制約されている。

19 ある人類学者はこう言っている。

　われわれが《交易》や《貢納》と呼ぶほとんどすべてのものが、当時は供犠(くぎ)であった(注3)(サーリンズ『歴史の島々』、一一八ページ)。

たとえばフィジー諸島では、われわれが宗教と呼び、そのように理解しているものは存在しない。西欧や日本の現代社会では、宗教と商売は分離し、機能的に分化しているが、フィジー社会では一つの生活体系があるだけである。ここでは宗教と経済的取引は一体化している。

20 言い換えれば、一つの相互行為は、そのままで（われわれの言葉で言えば）宗教であり、また同時に経済的取引なのである。神々との交易を人は宗教的行為として分類し、人と人との交易を経済的行為（商売）と分類するだろうが、それは外部の者がおこなう知的分解である。

21 なんでもいりまじっているというのではない。思想が混乱しているわけでもない。一つの相互行為のなかに種々の交易が分離しないで、しかも当事者には十分に区別して意識されながら、共存しているのである。これは宗教で、あれは経済だとはいえない。サーリンズがあげた例で言えば、供犠は宗教でもあり経済行為でもあるが、しかしそれらのどれでもないのである。

22 こうした事態は、もはや Z の分離と結合の関係ではまったくない。一つの相互行為はそれ自体で全体なのである。特定の相互行為の場面では、ある種の（注4）アスペクトが他のアスペクトよりも顕著になるというにすぎない。顕著にみえるアスペクトだけに注目して人は名づけをするのであるが、そしてその名づけは認識操作にとって役立つにしても、それはあくまで一種の（注5）作業仮説にすぎない。人間が社会のなかで生きることを理解し認識するためには、「相互行為の相互行為」をそれ自体として把握するのでなくてはならない。

（今村仁司『交易する人間』より。ただし表現の一部を改変した。）

（注）＊1 相依相待……仏教用語。この世のすべての存在は他から独立してそれ自体としてあるものは一つもないという縁起の道理。

＊2 アルカイックな社会……古風で素朴な社会。
＊3 サーリンズ……（一九三〇～二〇二一）アメリカの文化人類学者。
＊4 アスペクト……様相、側面。
＊5 作業仮説……研究や実験を進める過程で、暫定的に有効とみなしてたてられる仮説。

問1 空欄**W**・**Y**に入る語句として最も適切なものを、次の中から一つずつ選びなさい。

W
① 解放的　② 例外的　③ 対立的　④ 先鋭的　⑤ 統一的

Y
① 一面的　② 例外的　③ 合理的　④ 逆説的　⑤ 不可逆的

問2 空欄X・Zに入る語句として最も適切なものを、次の中から一つずつ選びなさい。

X

① 貧困と富裕　② 政治と宗教　③ 支配と服従
④ 上流と下流　⑤ 供犠と政治

Z

① 法と権利　② 知性と感性　③ 未開と文明
④ 部分と全体　⑤ 帰属と自由

問3 本文中のある段落の末尾から、次の文が脱落しています。この文の入るべき最も適切な段落を、①～⑤の中から一つ選びなさい。

どの個別的行為も、同時に他の行為でも「ある」。

① 第[7]段落　② 第[9]段落　③ 第[11]段落
④ 第[13]段落　⑤ 第[15]段落

問4 波線部Ⅰ「人間の自己理解」は何をすることから始まるのですか。その説明として最も適切なものを、次の中から一つ選びなさい。

① 「社会」を作り、そのなかで生きることから
② 多種多様な相互行為の巨大な集積を生きることから
③ 相互行為の種々の側面に種々の名前を与えることから
④ 経験の集積に対して、社会または共同体という名前を与えることから
⑤ 人間理解の仕方が精密であろうと粗雑であろうと、それを学問や科学として始めることから

問5 波線部Ⅱ「個別的名づけの危険な性質」とあるが、筆者が最も危険だと感じていることは何ですか。最も適切なものを、次の中から一つ選びなさい。

① ある名前が慣習的に共有されていた意味からずれていくこと
② ある名前の使用が習慣化することにより権威がなくなっていくこと
③ 命名を固定化してそれ以外の意味が想起されることがないようにすること
④ ある名前がどの地域でも時代でも同じような意味で使われていると思い込むようになること
⑤ ある名前から想起されることが限られ、それ以外の相互行為は一切存在しないと信じるようになること

問6 波線部Ⅲ「相互行為の相互行為でもある」とはどのような意味ですか。最も適切なものを、次の中から一つ選びなさい。

① いわゆる部分はそれだけで自足できないようにできている。
② 一つ一つの相互行為は部分を形作り、それが寄り集まって全体となる。
③ 一つの相互行為は同時に他の相互行為を内在させており、他の相互行為をも表現している。
④ ある相互行為が特定の領域の特質を際だたせることで、他の特定の相互行為とつながっている。
⑤ 一つの相互行為が必然的に経済的、政治的、法的、宗教的、儀礼的、審美的な連鎖を起こしていく。

問7 本文の内容と**合致しないもの**を、次の中から**二つ**選びなさい。

① 個々の相互行為に付与された個別の命名は広大な相互作用の一部である。

② 人は生きるために何らかの「つきあい」の形式を作り出し、取引を始めることにより共同体を形作っていった。

③ 特定の相互行為の場面で、ある種の重点的に際だつ生活様式があったとき、人はそれに注目した名づけをする。

④ 「交換」は事物の空間的移動に対して与えられた名前であり、この概念は言語が違っても世界のどこでも通用する。

⑤ アルカイックな社会において行われる贈与という行為は、たとえ経済的交換に見えても他の相互行為が介在している。

⑥ フィジー社会における一つの生活体系を宗教、経済的取引、などと分類するのは、外部の者が行う知的分解でしかない。

Lesson 6

「思春期」の話

思春期の人たちは年長者と比べて経験が少ない分、そのときそのときの出来事に感情が揺さぶられます。年長者から見れば他愛のないことなのですが、その感情は思春期特有のものです。ネガティブな感情もありますが、そのときしか味わえないものなのですから、いっそ楽しんでみてはいかがでしょうか。

目標：心情把握問題の解法をマスターする

文章：長い（約4700字）
出典：三浦しをん「てっぺん信号」
出題校：三重大学（改）

Lesson 6

試験本番での目標時間 25分

この本での目標時間 30分

▼解答・解説 本冊92ページ

次の文章は、三浦しをん「てっぺん信号」という小説の一部です。高校生の江美利は、教室から見える丘の上で光が明滅していること、そしてそれがモールス信号（長短二種の符号を組みあわせて文字などを表す信号）であることに気づきます。ある昼休み、憧れの奥井先輩と親友のしづくがつきあっていることを知った江美利は、学校を飛びだし、光が明滅する丘の上に向かいます。そこには老人ホームがありました。その続きの場面である以下の文章を読んで、後の設問に答えなさい。（＊は本文の後に注があることを示します。）

鞄もお金も持たず、身ひとつで学校を飛びでてきてしまった江美利は、どうしたものか躊躇した。施設内にもぐりこみ、「モールス信号を発していたかたはいませんか」と聞いてまわる度胸はとてもなかった。だいいち、聞いたところでどうなる。「わたしです」「あ、そうですか」以上に会話が発展する余地はないだろう。

強い光に射られ、江美利はびっくりして目を閉じた。

「あんた、もしかしてこれに気づいた?」

しわがれた声が降ってくる。おそるおそるまぶたを開ける。屋上の柵に老女がもたれ、江美利を見下ろしていた。光は老女の手もとから発されたようだ。輝くなにかを握っているのがわかる。

「上がってきな。受付で、篠原の孫だって言えばいいから」

江美利の感じた躊躇は、最前よりも大きなものだった。老女はにこやかだが、遠目にもド派手だと見て取れる風体だったからだ。うかうかと近づいて大丈夫だろうか。

ふだんの江美利だったら、すぐさま坂を下りるところだが、いまの江美利はなげやりだ。こわいものなしだ。自動ドアをくぐり、受付奥の事務所にいた職員に「こんにちは、篠原の孫です。いつもお世話になってます」と堂々と声をかけ、カウンターにあった「お客さま名簿」に「武村江美利　一名」と記入し、横になったままでも乗れるほど奥行きのあるエレベーターに向かう。「R」のボタンを押し、エレベーターのドアがゆっくり閉まったところで、江美利はため息をついた。

1 信じられない。なにをしてるんだろう。

屋上に到着すると、篠原というらしい老女が仁王立ちで待ちかまえていた。2 信じられない、と江美利はまた思った。

老人の年齢は往々にしてよくわからないものだが、篠原は七十代後半ぐらいではないかと思われた。にもかかわらず、スカートは赤い*ラメのスパンコールがびっしりついた*マーメイドライン、セーターは明るい紫と緑の横縞(よこじま)で、真っ黄色の*フェイクファーのロングコートを羽織っている。化粧がこれまたすごくて、*目ばりはばっちり、つけまつげも二枚は重ねているうえに、頬紅もうっすら差し、唇にはつやつやした赤い*グロス、眉毛(まゆげ)は往年のハリウッド女優のように虫の触角じみた細さだ。

目がちかちかする。ただ、頭と足もとだけは常識（というか良識）の範囲内なのが救いで、銀髪に近い白髪はひっつめて首のうしろでお団子にし、健康サンダルと灰色の毛糸の靴下を履いている。

江美利が篠原の全身に視線を走らせたのと同じように、篠原も江美利を上から下まで眺めて言った。

「どこの学校だい」

「S学院高等部一年、武村です」

江美利という名は名乗らずにおいた。地味でブスなのにエミリ？　と笑われるのがいやだった。

ふん、と篠原が鼻を鳴らした。なにかが不快だったのか、バカにしたのか、単なる相槌なのか、江美利は判断に迷った。居心地が悪くてしょうがない。知りたかったことをさっさと尋ね、早く帰ろうと思った。

「あのー。モールス信号で『元気ですか？』って言ってたの、あなたですか」

「そうだよ。ここに入居してあんまり暇だったから、独学で習得したんだ」

「無線をするわけでもないのにですか？」

「暇をつぶせるなら、なんでもいい」

篠原は細い眉を吊りあげた。笑ったようだった。

「もう二年ぐらい、気が向いた日に発信してたけど、ここまで来たのはあんたがはじめて」

しづくの裏切りを思い出し、江美利は怒りを燃料に勇気を燃やした。

「授業中に気が散るので、やめてもらえませんか」

いつもなら、こんなことは絶対に言えない。「それに私、ちっとも元気じゃないんです。そんなときに呑気な信号を見ると、いらいらするから」

「元気そうに見えるけどねえ」

篠原はあきれたのか寒いのか、ちょっと肩をすくめた。コートのポケットから煙草(たばこ)を取りだし(江美利には銘柄はわからない)、掌(てのひら)で囲うようにしてライターで火をつける。

白い煙が流れてくる。ほのかに甘い香りがした。

篠原はポケットに煙草を戻すついでに、今度は携帯電話を引っ張りだした。ダイヤモンドみたいなスワロフスキー*のラインストーンが、旧式の二つ折り携帯*の表面にびっしり貼りつけてある。ストラップもS学院の女子生徒顔負けで、ビーズ製からちりめんの小さな金魚まで、五本ぐらいぶらさがっている。さらに篠原の手も派手で、長くのばして先端をとがらせた爪には、丁寧にネイルアートが施されていた。色(ちなみに金色)がただ塗ってあるだけでなく、紫の立体的な花までついているのだから、爪というより精緻な細工物の域に達している。

片手で煙草を吸いながら、篠原は二つ折り携帯をもう片方の手で振り開け、メールを打ちだした。しづくより速い、と江美利は感嘆した。片手しか使っていないのに、指が八本ぐらいあるように見える。

「メル友、いるんですね」

「そりゃあ、ここに入居してる年寄りのなかにも、携帯持ってるひとはいるから。この金魚も、ばあさん友だちが作ってくれたんだよ」

篠原は携帯ごとストラップを振ってみせた。「でも、いまはメモしてるだけ。あたしは日記をつけてるんだけど、あんたが来たことを書いとかないと。夜までに忘れちゃいけないからね」

江美利は少しずつ篠原に接近し、さりげなく画面を覗(のぞ)きこんだ。サイズの大きな文字で、「えすがくいん　たけむらさん　モールスで来る」と表示されていたが、篠原は老眼らしく、腕を最大限のばした恰好でボタンを連打した。そのたびに、デコレーションされた携帯電話が午後の光を反射する。

そうか、きらっきらの携帯を利用して、モールス信号を発信してたのか。

謎が解けた。江美利は少し気が晴れ、屋上の手すりに歩み寄った。

「うわあ」

海と川と山、江美利の住む小さな町が一望にできる。家があるのは、あの山のあたりだろうか。S学院の校舎は、川と県道を挟んでちょうど正面。一年B組の教室の窓はどれだろう。本来だったら座っていなきゃならない場所を、遠くから眺めているのは妙な気分だ。死後の世界から生者の世界を覗き見ているみたいだ。

では、ここは来世ということか。丘のうえにある、老人ばかりが住む白い建物。

江美利はこっそり振り返り、未だ携帯電話と向きあったままの篠原を眺めた。篠原の姿は、愛敬のある悪魔のようにも、毒気まんまんの天使のようにも、江美利の来世の姿のようにも見えた。

いや、来世ではなく、年月を経た生き物がなるべくしてなる貴い形態なのかもしれない。

センスの善し悪し。人形みたいにきれいか冴えないブスか。そんなのはすべて、あと五十年もしたらどうでもいいことになる気がした。生きているかぎり、だれもが年を取る。男も女も、モテるモテないも関係ない、しわくちゃの混沌と化す。

うらやましい、と江美利はつぶやく。しわくちゃの混沌と化し、しかし自分の好きなもので身を飾っている篠原が、このうえなく [X] 存在に思えたからだ。

「冷えてきたね」

篠原はメモを打ち終わったらしい。携帯をポケットにしまい、江美利の背中を軽く叩いてうながした。

「あたしの部屋でお茶でも飲んでく？」

「いえ、帰ります。鞄を学校に置いてきちゃったから」

少し残念そうな表情だったが、篠原は江美利を引き止めようとはしなかった。一緒にエレベーターに乗りこみ、エントランスまでついてくる。

「ま、よかったらまた来てよ」

と、篠原はエントランスで言った。「ジジババばっかりで退屈してるんで」

自分だっておばあさんのくせにと思ったけれど、江美利はもちろん顔には出さず、「はい」と答えた。

「そうだ、あんたどうして元気じゃないの？　そうは見えないけど不治の病？」

「ちがいます。友だちに裏切られたんです」

「裏切り！　コイバナの予感」

慣れない口調で「コイバナ」と言った篠原は、炯々たる眼光でにじり寄ってきた。「大好物だから詳しく聞かせて。じゃないと明日から、よりいっそう執拗にモールス信号送るからね。あんたの成績下がるぐらいぴかぴかさせるよ」

カウンターの奥から、職員が江美利と篠原を見ている。微笑みを絶やしてはいないが、エントランスで押しあいへしあいするさまを不審がっているのは明らかだ。江美利はしかたなく、かたわらにあったベンチに篠原を座らせ、自分も隣に腰を下ろした。今日判明した事実について順を追って説明する。篠原は興味深そうに聞いている。

江美利は説明の最後をこう締めくくった。

「しづくは、かっこいい奥井先輩にふさわしい。本当にそう思ってるし、納得したいんだけど、悔しいんです」

哀(かな)しくもある。怒りも嫉妬も落胆もある。いままで知らなかった質量で暗黒の感情が胸を満たす。

篠原はといえば、水気のないしわだらけの手で自分の顔をこすった。肩がかすかに震えている。まさか、同情して泣いてくれたのかと思ったが、もちろんそんなことはなく、3篠原は笑っているのだった。

「あんたねえ」

ようやく笑いの発作が治まったのか、篠原は両手を膝に下ろした。「だれかと交際したことないでしょう」

いまの話を聞いていたらわかるはずだ。江美利は答えずにいた。

「だからそういう妙な考えに取り憑(つ)かれる」

と、篠原は断定した。「美男美女同士しか交際できなかったら、人類はとっくに滅亡してるよ。あんたの友だちが先輩とつきあえることになったのは、あんたより美人だからじゃない。タイミングがよかったか、あんたの友だちがあんたに隠れてぐいぐい先輩に迫ってたか、どっちかです」

「しづくは、奥井先輩に告白されたって言ってましたけど……。奥井先輩と、ほとんど話したこともなかったはずなのに」

「それはねえ、容姿が秀でてれば、たしかにそういうこともあるだろうけどねえ」

夢も希望もない。うちひしがれる江美利の肩に、篠原がやさしく手を置いた。

「大丈夫、顔が好みでも性格が合うとはかぎらない！　たぶんすぐ別れるから、そうしたら間隙をついてあんたが先輩に告白しなさい」

なんだか火事場泥棒みたいで、江美利のプライドが許さない。でも、少し気分が上向きになった。江美利は立ちあがり、親身になってくれたのだろう篠原に礼を言った。会ったことのない祖母とは、こういう存在であろうかと思った。

そういえば篠原は、濃すぎる化粧のせいで国籍不明感がある。*フランス人の祖母だと言われても、江美利の疑惑のなかのみで生きる*架空の日本人祖母ですと言われても、「そうですか」とすんなり受け入れてしまえそうだ。

篠原もベンチから立ち、江美利とともに自動ドアを出た。

「じゃあ、さよなら」

「うん、またね」

ややちぐはぐな挨拶を交わし、距離を広げていく江美利と篠原だ。ところが敷地内を八歩ほど進んだところで、

「エミリ」

と篠原に呼び止められた。名乗った覚えはないのにと驚いて振り向くと、篠原はいたずらっぽく笑っている。

「たいがいのひとは交際も結婚もいつかできるものだから、あせんなくていいよ」

「いつまで経(た)ってもできなかったら、どうするんですか」

「そのころには諦めもついているから、問題ない」

篠原は急に真剣な顔つきになって、言葉をつづけた。「そんなことより一番の問題は、悔いのない、だれに恥じることもない生きかたを死ぬまでできるかどうかだと思うんだけど、ちがう？」

4 そう言われれば、そんなような気もする。でも江美利にはよくわからない。奥井先輩とつきあえれば、悔いのない幸せな時間を過ごせるのにという思いも拭いがたくあるからだ。

とりあえず篠原に軽く手を振り、江美利は「ルミエール聖母の丘」の門を出て、坂道を下っていった。

（三浦しをん「てっぺん信号」より）

（注）＊ラメ……光を反射する素材の糸、その糸で織った布。ここでは、光を反射する素材のこと。

＊マーメイドライン……人魚のようなデザイン。下半身にぴったり沿う形で、裾は尾びれのように広がっている。

＊フェイクファー……合成繊維を素材とした人工毛皮。

＊目ばり……目を大きく見せるための化粧。

＊グロス……ここでは、リップグロスのこと。唇に透明感やつやを与えるための化粧品。

＊スワロフスキーのラインストーン……スワロフスキー社のクリスタルガラスを使った模造宝石。

＊ちりめん……表面に細かな凹凸のある布。

＊フランス人の祖母……江美利の父方の祖母はフランス人らしいが、江美利は会ったことがない。

＊架空の日本人祖母……江美利は、父も自分も和風の風貌なので、本当の祖母は日本人ではないかと疑っていた。

問1　傍線部**1**に「信じられない。なにをしてるんだろう」、傍線部**2**に「信じられない、と江美利はまた思った」とあるが、それぞれ何に対して「信じられない」と思ったのですか。次の空欄 A ～ F に当てはまる最も適切な語句を、次の選択肢の中から一つずつ選びなさい。なお、**A・D**は選択肢①～④から、**B・E**は選択肢⑤～⑧から、**C・F**は選択肢⑨～⑫から選ぶこと。

傍線部**1**＝ A の B な C に対して「信じられない」と思った。

傍線部**2**＝ D の E な F に対して「信じられない」と思った。

① 自分　② 奥井先輩　③ しづく　④ 篠原

⑤ 臆病　⑥ 大胆　⑦ 卑怯(きょう)　⑧ 派手

⑨ 意見　⑩ 外見　⑪ 行動　⑫ 告白

問2　空欄 X に当てはまる最も適切な語句を、次の中から一つ選びなさい。

① 悪魔のような　② きれいな　③ 自由な

④ 天使のような　⑤ 身勝手な　⑥ モテる

問3　傍線部**3**に「篠原は笑っているのだった」とあるが、篠原はなぜ笑ったのですか。三〇字以内で説明しなさい。

問4　傍線部**4**に「そう言われれば、そんなような気もする。でも江美利にはよくわからない」とあるが、なぜそのように思うのか、七〇字以内でわかりやすく説明しなさい。

Lesson 7

「科学」の話

現代の学問は基本的には全て科学です。文系は人文科学、社会科学、理系は自然科学という名前が付いています。そしてその科学の領域は現在も広まっています。一方で、科学の支配が及んでいない未知の領域というものも存在します。しかし、そのような未知の領域も今後科学の一部になるかもしれないので、科学的な根拠がないことも「非科学的」とすることができないのです。

目標：傍線部内容説明問題の解法をマスターする
内容真偽問題の解法をマスターする

文章：標準（約3400字）
出典：中屋敷均『科学と非科学——その正体を探る』
出題校：専修大学（改）

Lesson 7

試験本番での目標時間 25分

この本での目標時間 30分

▼解答・解説 本冊110ページ

次の文章を読んで、後の設問に答えなさい。

「分類学の父」と称されるカール・フォン・リンネは18世紀に活躍したスウェーデン生まれの博物学者である。リンネの最大の功績は、自然界にある様々な存在に体系的な分類を初めて試みたことである。彼は1735年に動物、植物、そして鉱物の三界を整理した『自然の体系』の第一版を出版した。その後、その体系に改良を重ね、生物の学名を属名と種小名の2語のラテン語で表す二名法や、種より上位の分類単位である綱、目、属などを設けることにより階層的な構造化を生物分類に導入すること等を提唱した。彼の提示した基本概念は、現代生物学の分類にもそのまま引き継がれており、分類学の重要な基盤となっている。

しかし、彼が活躍した時代、世界に生物は動物と植物しかいなかった。その当時、微生物は地球上に存在しなかったのか？　もちろんそんなことはない。実際、リンネが生まれる前の17世紀末には、オランダのレーウェンフックによって微生物の一種である原生生物や細菌がすでに発見されていた。ただ、レーウェンフックの作った顕微鏡は、極めて高度なレンズ作製技術を持つ彼の手作り品であり、誰でも持っているようなものではなかった。その当時、顕微鏡は一部の貴族や裕福な人たちだけが持つ不思議な鏡、そう「万華鏡」のような存在であり、レーウェンフック自身が「人々のあいだでは、私のことを魔法使いだと言っていますし、私がこの世には存在しない物を見せているとも言っています」と述べている。実際、レーウェンフックの死後1

世紀ほどの間、彼のお手製の顕微鏡をしのぐ性能を持った顕微鏡や、彼のような情熱を持って微生物に取り組む研究者はなかなか登場せず、微生物学は長きに亘り停滞することになる。

　科学は人間の認識できるものに基づいて構築されており、１９６９年には、顕微鏡を用いた形態観察や、その生物がどのように自然界で栄養を摂取しているかといった観点に基づき、生物を５つに分けるのが妥当だったと言える。しかし、そこにかつての顕微鏡のように登場したのが、生物の持つ遺伝子配列（ＤＮＡ配列）を決定できるシークエンサーという機器（技術）である。

　現在の生物の大分類はまだ混乱の中ではあるが、２０１２年の報告によれば、かつての界に相当するような大きな生物群が、少なくとも７つは存在することになる。そしてその数はまだ増える可能性を持っている。

　大学に職を得て赴任したての頃、研究室の教授に「自分の分野について何でも知ってるという顔をする専門家は信用するに足らない。どこまでが分かっていて、どこからは分かっていないことなのか、きちんと説明できるのが本当の専門家だ」と言われたことを、今でも印象深く憶えているが、科学である程度「分かっている」と言える領域の外には、広大な〝未知領域〟が実際には存在している。そのことをこの生物分類の歴史は端的に物語っている。

　当たり前のことであるが、現在の科学が世界のすべてを把握している訳ではない。顕微鏡が考案されれば、今まで見えなかったものが見えてくる。シークエンサーが発明されれば、顕微鏡では見えない遺伝子に刻まれた生物進化の痕跡が見えてくる。そういった認識できる情報が増えれば増えるだけ、それに基づいた科学の常識、それが支配できる領域も変わっていく。

　しかし、現状の科学で認識できないことが、必ずしもこの世に存在しないことを意味しないのなら、では一体、何が〝科学的〟で、何が〝非科学的〟なものなのだろう？　ＵＦＯや超能力や地底人だって、将来的に科学になる可能性はないのだろうか？　レーウェンフックも、かつて「魔法使い」と言われていたそうではないか？

実は、そうなのだ。これは非常に厄介な問題であり、ある意味、A本質的な問いなのかも知れない。現在、科学の支配が及んでいない未知な領域にも、間違いなく〝この世の真実〟は存在している。実際、科学の最先端で試されている仮説の数々も、そういった未知領域に存在しているとも言えるし、長い歴史は持つものの、西洋科学の体系には必ずしも収まっていない東洋医学なんかも、少なくとも部分的にはそうだろう。また、「似非科学」と非難めいた名称で呼ばれている分野も、その一部はこの領域の住人と言って良い。

そういった「科学」とも「非科学」ともつかない〝未知領域〟は、この世にかなり広大に広がっているし、そこには有象無象の海の物とも山の物ともつかないようなものたちが蠢いている。それらのうちのいくつかは将来、科学の一部となっていくこともあるだろうが、だからと言って、味噌も糞も一緒で、本当に何でもありで良いのか、これもまた疑問である。

この難問に対して、とても科学的な人たちは「科学的に実証されたものだけを信用すべき」という考え方をとり、それが科学者としてとるべき態度のように評されることも多い。私自身はそういったB石鹸の香り漂うような、清涼感溢れる考え方に、どこか違和感を持ってしまう方ではあるが、「似非科学」と呼ばれるような胡散の香り漂うものに傾倒する危険性も軽視できないことは理解している。

その最大の問題点は、実証されたものに比べて、実証されていない領域ははるかに大きく、一旦、根拠のはっきりしないものを受け入れる精神構造ができてしまうと、どこまでもその対象が広がり、根拠なき後退と言うか、根拠なき前進と呼ぶべきか、そのような C「果てしなく飛躍する論理」とでも形容されるべきものに飲み込まれてしまいかねないことである。根拠が薄弱なものに対して、信じる／信じない、の二者択一や、「そうであったらいいな」的な、安易な希望的観測を持って傾倒していくことはやはり危険なことである。特に根拠を問うことが許されないような D を強調するものには警戒が必要であろう。

しかし一方、現在の科学の体系の中にあるものだけに自分の興味を限定してしまうことも、真の意味で科学的な態度ではないはずである。科学の根本は、もっと単純に自分の中にある「なぜ?」という疑問に自らの頭と情熱で挑むものではなかったろうか。その興味の対象が、現在「科学的」と呼ばれているかどうかなど、実に些細な問題である。

科学の歴史はこれまで述べてきたように、未知領域の中から新たな科学的真実が次々と付け加えられてきた歴史でもあり、それは挑戦と不確かな仮説に満ちたものだった。何を興味の対象としているかによって、科学と似非科学との間に境界線が引ける訳ではないのだ。

もし、科学と似非科学の間に境界線が引けるとするなら、それは何を対象としているかではなく、実はそれに関わる人間の姿勢によるのみなのではないかと私は思う。「非科学的な研究分野」というものが存在するのかどうかは私には分からないが、「非科学的な態度」というのは明白に存在している。科学的な姿勢とは、根拠となる事象の情報がオープンにされており、誰もが再現性に関する検証ができること、また、自由に批判・反論が可能であるといった特徴を持っている。

一方、根拠となる現象が神秘性をまとって秘匿されていたり、一部の人間しか確認できないなど、再現性の検証ができない、客観性ではなく「生命は深遠で美しい」のような誰も反論できないことで感情に訴える、批判に対して答えないあるいは批判自体を許さない――そういった特徴を持つものも、現代社会には分野を問わずあまた存在している。

この二つの態度の本質的な違いは、物事が発展・展開するために必要な資質を備えているかということである。科学的と呼ばれようが、非科学的と呼ばれていようが、この世で言われていることの多くは不完全なものである。だから、間違っていること、それ自体は大した問題ではない。間違いが分かれば修正すれば良い。ただ、それだけのことだ。

しかし、そういった修正による発展のためには情報をオープンにし、他人からの批判、つまり淘汰(とうた)圧のようなものに晒(さら)されなければならない。最初はとんでもない主張であっても、真摯に批判を受ける姿勢があれば、修正できるものは修正されていくだろうし、取り下げるしかないものは、取り下げられることになるだろう。この修正による発展を繰り返すことが科学の最大の特徴であり、そのプロセスの中にあるかどうかが、科学と似非科学の最も単純な見分け方ではないかと、私は思っている。

（中屋敷均『科学と非科学――その正体を探る』より）

問1 傍線部**A**「本質的な問い」とあるが、その内容としてもっとも適当なものを次の①～⑤の中から一つ選びなさい。

① ＵＦＯや超能力が将来的に科学になる可能性があるのだとしたら、それらも科学であるとみなすべきではないか

② 現状の科学で認識できないことの中に、どのくらいの科学的なものが含まれているのか

③ 科学の支配が及んでいない領域に存在する「この世の真実」を明らかにしていく必要があるのではないか

④ 実証されていなくても科学的なものがあるのだとしたら、科学的であるとはどのようなことを指すのか

⑤ この世には様々な未知領域があり、それらは将来的には科学になる可能性もあるが、だからと言って何でも科学の範囲として扱ってよいのか

問2 傍線部B「石鹼の香り漂うような、清涼感溢れる考え方」とあるが、その説明として適当なものの組み合わせはどれですか。次の①～⑤の中から一つ選びなさい。

① アイ　② イウ　③ ウエ　④ エオ　⑤ アオ

ア 科学者は、似非科学に傾倒しないように留意すべきだという考え方
イ 科学者は、根拠を示すことで科学と非科学を区別するべきだという考え方
ウ 科学者は、実証されたものだけを信じるべきだという考え方
エ 科学者は、裏付けがとれたものを信用する態度を持つべきだという考え方
オ 科学者は、現在の科学の体系の中にあるものだけを対象とすべきだという考え方

問3 傍線部C「『果てしなく飛躍する論理』とでも形容されるべきもの」とあるが、その「論理」を構成する要素として適当なものはア〜オの中にいくつありますか。次の①〜⑤の中から一つ選びなさい。

① 一つ　② 二つ　③ 三つ　④ 四つ　⑤ 五つ

ア　根拠が定かでなくても受け入れること
イ　現代の人間が認識できないものに基づいて論じること
ウ　根拠が薄くても科学の対象を広げていくこと　エ　結論を二者択一で判断していくこと
オ　安易な希望的観測を持つこと

問4 空欄 D にあてはまる語句としてもっとも適当なものを次の①〜⑤の中から一つ選びなさい。

① 神秘性　② 再現性　③ 客観性　④ 選択性　⑤ 展開性

問5 本文の論旨に合致するものはどれですか。次の①〜⑤の中から一つ選びなさい。

① 科学は、何がその対象となるかは自明なのだから、実証されていない未知の領域は排除しなければならない
② 科学では、実証できないために正しいものとは認められないこともあるが、それを修正すればよいだけのことである
③ 科学は情報がオープンにされ、再現性が検証でき、批判をも受け入れる姿勢を持つべきだ
④ 物事が発展・展開するために必要な資質を科学者が備えていても、科学と似非科学の境界線が引けるわけではない
⑤ 科学は、常に淘汰圧に晒されることでチェックされ、発展を遂げていく歴史を繰り返してきた

Lesson 8

「インターネット」の話

現代人の生活では「インターネット」はもはや必需品になっています。一日の時間のかなりの部分をパソコンやスマートフォンの画面を眺めることに費やしている人も多いでしょう。となると、インターネットの中には人生が、そして人の集まりである社会ができ上がります。そのインターネット空間では現実の社会と同じような倫理が必要になってくるでしょう。

目標：記述問題の解法をマスターする

文章：長い（約4600字）
出典：小川仁志『哲学の最新キーワードを読む 「私」と社会をつなぐ知』
出題校：駒澤大学（改）

Lesson 8

試験本番での目標時間

25分

この本での目標時間
30分

▼解答・解説 本冊124ページ

次の文章を読んで、後の設問に答えなさい。

インターネットの問題は、2つのベクトルによって象徴されるように思われる。それは、「つながり」と「閉じこもり」の2つである。インターネットはつながりすぎともいえるほど、人々や物、情報をつなげ続けている。と同時に、私たちをごく狭い世界に閉じ込めてもいるのだ。

(a)前者の問題を指摘するのが、『つながりすぎた世界』の著者、ウィリアム・H・ダビドウだ。彼は、この本の中で次のようにいっている。

> 過剰結合とは、あるシステムの内外で結びつきが高まりすぎたあげく、少なくとも一部にほころびが生じた状態を指す。こうなると状況はあっという間に暴走する。(中略)過剰結合が暴力につながることもあるし、深刻な事故を生むこともある。そしてときには、企業や一国を破滅の瀬戸際に追いやることもある。

ダビドウは、インターネットによって世界が制御不能な状態で結びついた状態を「過剰結合」と呼んで非難する。なぜなら、それによってデマや風評が瞬く間に広がって、世界規模の金融危機に至ることさえあるからだ。そのうえで、そうした強欲やデマの広がりは「思考感染」であるとして、警鐘を鳴らしている。

インターネットが世界をつなげたのは間違いない。ただ、それが制御不能な場合、つながりは一気にカオスと化す。その中をなんの信憑(ぴょう)性もない情報が瞬時に駆け巡り、数十億の人間が瞬時にそれに反応するという危うい事態が生じてしまうのである。

ＳＮＳによる国家の革命や民主化運動の高まりは、こうした過剰結合の賜物(たま)であるといってよい。ただし、その背景には危うさが潜んでいることも忘れてはならない。昨今の偽(フェイク)ニュース現象、つまりネット上の偽の情報に現実の政治が振り回されるといった状況は、思考感染そのものだといっていいだろう。

では、私たちはいったいどうすればいいのか？

ダビドウは、過剰結合状態から高度結合状態に戻さなければならないとして、次の３つのやるべきことを提案している。①正のフィードバックの水準を下げ、それが引き起こす事故を減らし、思考感染を緩和し、予期せぬ結果を全体的に減らす。②より強固なシステムを設計し、事故が起きにくくする。③すでに存在する結びつきの強さを自覚し、既存の制度を改革して、より効率的かつ適応度の高いものにする。

つまり、①はインターネット以前の問題で、そもそも物事が過剰な状態にならないように制限するということである。②は文字通り強固なシステムをつくるということ。③はインターネットの過剰結合を前提に、むしろ社会の仕組みを変えていくということである。

ダビドウの提案に賛同できるのは、いずれもインターネットの潜在力を削(そ)ぐような方向での規制ではない点だ。とりわけ①と②のように、インターネット外での規制を強化することで対応できるなら、それが理想なのかもしれない。この点については、最後に改めて検討するとして、先に(b)「閉じこもり」の問題について考えてみたい。

これについては、『閉じこもるインターネット』の著者イーライ・パリサーが、次のように論じている。

> 新しいインターネットの中核をなす基本コードはとてもシンプルだ。フィルターをインターネットにしかけ、あなたが好んでいるらしいもの——あなたが実際にしたことやあなたのような人が好きなこと——を観察し、それを元に推測する。（中略）わたしはこれをフィルターバブルと呼ぶが、その登場により、我々がアイデアや情報と遭遇する形は根底から変化した。

つまり、インターネットを使えば使うほど、その人の情報はネットに把握され、その人の求めるであろう情報が（推測され）表示されるようになってくるのだ。自分が一度検索した商品の広告が出てくるのはまだわかりやすいが、いま検索している情報そのものが、すでにそうした過去の膨大なデータによってフィルターをかけられたものであったとしたら、私たちはもはやそれに気づくことさえないだろう。

同じ検索エンジンを使って、同じ言葉を検索したとしても、実は自分と他者とでは出てくる情報が異なっている。たとえばグーグルを使っていると、自分が頻繁(ばん)に検索する語がある場合、その語に関連する情報が上位に来るようになる。

私が小川仁志と自分の名前をよくエゴサーチしていれば、別の事柄を検索していても、なぜか小川仁志に関連する情報を目にすることになるというわけである。これは私以外の人には起こり得ないだろう。

パリサーはこうした機能によって、①ひとりずつ孤立しているという問題、②フィルターバブルは見えないという問題、③フィルターバブルは、そこにはいることを我々が選んだわけではないという問題が生じると指摘する。

これらが、「閉じこもる」という問題なのである。

現実の社会の中で、自分でも気づかないうちに、ある特殊な空間に閉じ込められているとしたら、大問題だろう。それが世界だと思い込んで生きていることになるのだから。

今、多くの人にとって、インターネットは現実の社会以上の存在になりつつある。友人とコミュニケーションするのも、情報を得るのも、買い物をするのも「ネットで」という人は増えている。とするならば、パリサーの指摘するフィルターバブルの問題は、深刻な社会問題といっていいだろう。

では、どうすればいいのか？　これについてパリサーは、個人、企業、政府のそれぞれにできることを提案している。

たとえば、個人は自ら意識して行動パターンを変えるべきだという。いつもと歩く道を変えてみるように、オンラインで歩く道も変えてみるということだ。あるいは、インターネットブラウザーのユーザー等を特定するために使われるクッキーを定期的に削除するとか、よりフィルターバブルを自分で管理できるサービスを選ぶとか、プログラミングの基礎を学ぶといったようなことも提案している。

そして企業は、アルゴリズムを公開したり、少なくとももどのようなアプローチで情報の整理やフィルタリングを行っているのか明らかにすることで、フィルタリングシステムを普通の人にも見えるようにすべきだという。また、ユーザーの情報をパーソナライズした場合、企業はその情報をどれだけどのように使っているのかなど、本人に対して詳しく説明すべきだともいう。

そのうえで政府は、企業が自主的にはできない部分を担うべきだという。つまり、個人情報に対するコントロールを個人に返すことを企業に義務づけるよう提案しているのである。たしかに、ある程度法律で義務化して罰則でも設けないと、企業が自主的に情報を開示することなど望めないのかもしれない。

結局、フィルターバブルに関しては、大企業や一部の人間が、個人を操るような状況をつくり出す点に最大の問題があると私は考える。なぜなら、それによって個人の自由な発想が潜在的に削がれてしまうからである。

パリサーもセレンディピティという言葉を好んで使っているのだが、インターネットのダイナミズムは、偶然の出逢(あ)いを意味するセレンディピティに負うところが大きい。フィルターバブルはそれを奪ってしまうのである。

その点で、パリサーの挙げる対応策は、いずれも必要なものだといっていいだろう。

インターネットの問題について、「つながり」と「閉じこもり」という2つのベクトルから考察を加えた。そしてその各々について、インターネットの潜在力を損なうことなく問題を解決するにはどうすればいいか、検討を試みた。その中で判明したのは、インターネット外における規制の有効性と、フィルターバブルの有害性である。これらを念頭に置きつつ、最後にポスト・インターネット社会を展望してみたい。

ポスト・インターネット社会とは、インターネットがインフラになり、もはやそれが特別なものとはみなされなくなった社会のことだと思ってもらえればよい。インターネットが普及し始めて約30年、社会はもはやその段階に入りつつあるといっていいだろう。

現に私たちは、ネット上の世界とリアルの世界をあまり区別しないようになってきているのではないだろうか。誰もが当たり前のようにネットを使えば、それはもう特別なものではなく、日常になるのだ。これまでのあらゆるテクノロジーがそうであったように。

新しいテクノロジーの黎明期における人々の狼狽ぶりは、数十年もたてば滑稽なものに映る。インターネットもその例外ではないはずだ。たとえば初期の頃は電話回線を使っていたので、電話と同時に使えなかった。そして個人的には、電話やファックスに比べて、そもそもインターネットはつながりにくい不便で面倒な通信手段という印象さえあった。今はそれが逆転している。

それだけ特別なものだったのだ。ところが、パソコンが魔法の箱ではないことや、インターネットがこの現実の世界とはまったく別の異次元に存在するものでないことは、それらが生み出してきた数々の社会問題とともに白日の下にさらされつつある。

とするならば、日常の一部に組み入れられた日常としてのインターネットには、特別な規制ではなく、日常の規制こそが求められるだろう。つまり、インターネットにおける行為そのものを規制するのではなく、インターネットのある日常を誰もが問題なく生きるための規制が求められるべきなのだ。いや、規制というよりもむしろ倫理の射程を広げると表現したほうがいいかもしれない。

インターネットが私たちの生活に入り込むことで、私たちの生活には選択肢が増え、できることが格段に多くなった。より自由に発想できるようになったともいえる。その分、新たな問題が増えているわけだが、それはインターネット特有の問題ではなく、行動と発想のアリーナが広がったと見るべきなのだ。

したがって、従来リアルの世界における行動と発想に求められた倫理が、ネットというアリーナにも適用されるというだけのことである。

Z

ただし、インターネットが社会を複雑にしているぶん、それを理解し、対応していけるだけの高度な理性が求められることはいうまでもない。その意味では、理性のアップグレードを余儀なくされる。

この理性のアップグレードこそ、アンドリュー・キーンが指摘したインターネットのもたらす格差や搾取といった問題を解決する糸口になるものだといってよい。もちろんそれは、単にインターネットリテラシーを高めるというだけにとどまらず、本書で明らかにしてきたように、インターネットの本質を理解し、常にその存在に批判の目を向け続けるということまでを含む。そのうえで、リアルな社会において求められるのと同じ次元の、倫理的態度が求められるのである。

つまり、私たちインターネットユーザーは、ネットだからといって相手への配慮を手薄にしてはいけない。そして、リアルな世界と同じように、自分の言葉に責任を持たなければならないのだ。商取引における責任もそうだろう。

こうした(c)責任ある態度のみが、インターネットの暴走を食い止め、アンドリュー・キーンのいう「解決しなければならない重要課題」としてのインターネットを、もとの理想である解決策としてのインターネットに引き戻せるのである。それができないと、インターネットはますます恐ろしい方向に向かってしまうだろう。

（小川仁志『哲学の最新キーワードを読む　「私」と社会をつなぐ知』より）

問1　傍線部ⓑ「『閉じこもり』の問題」の内容として、以下の①〜④が適切か（○）、適切でないか（×）について判断しなさい。

① インターネットによってリアルな社会と接する機会が失われること。
② インターネットによってパーソナライズされた情報と出会う機会が減ること。
③ インターネットによってネット上の世界とリアルな世界の区別がつかなくなること。
④ インターネットによって他者とのコミュニケーションの頻度が減ること。

問2 空欄 **Z** に入る最も適切な文を次の①～⑤の中から一つ選びなさい。

① その際、何か新しいものが求められるとは思えない。むしろそうしたアプローチは、インターネットを特別視し、そのダイナミズムを損なってしまうように思えてならない。インターネットだからといって、結社の自由や表現の自由が過度に規制されたりするのはおかしいだろう。インターネットが日常になったポスト・インターネット社会に求められる新しい公共哲学は、だからそのままリアルな社会における公共哲学であるべきではないのだ。

② その際、何か新しいものが求められる。むしろそうしたアプローチは、インターネットを特別視し、そのダイナミズムを損なってしまうように思えてならない。インターネットだからといって、結社の自由や表現の自由が過度に規制されたりするのはおかしいだろう。インターネットが日常になったポスト・インターネット社会に求められる新しい公共哲学は、だからそのままリアルな社会における公共哲学であるべきなのだ。

③ その際、何か新しいものが求められるとは思えない。むしろそうしたアプローチは、インターネットを特別視し、そのダイナミズムを損なってしまうように思えてならない。インターネットだからといって、結社の自由や表現の自由が過度に規制されたりするのはおかしいだろう。インターネットが日常になったポスト・インターネット社会に求められる新しい公共哲学は、だからそのままリアルな社会における公共哲学であるべきなのだ。

④ その際、何か新しいものが求められる。なぜならそうしたアプローチは、インターネットを特別視し、そのダイナミズムを損なってしまうからである。インターネットだからこそ、結社の自由や表現の自由が過度に規制されるべきだろう。インターネットが日常になったポスト・インターネット社会に求められる新しい公共哲学は、だからそのままリアルな社会における公共哲学であるべきなのだ。

⑤ その際、何か新しいものが求められる。むしろそうしたアプローチは、インターネットを特別視し、そのダイナミズムを損なってしまうように思えてならない。インターネットだからといって、結社の自由や表現の自由が過度に規制されたりするのはおかしいだろう。インターネットが日常になったポスト・インターネット社会に求められる新しい公共哲学は、だからそのままリアルな社会における公共哲学であるべきではないのだ。

問3 傍線部(C)「責任ある態度」の内容として最も適切なものを次の①～⑤の中から一つ選びなさい。

① インターネットリテラシーを高めるだけにとどまらず、インターネットを使いこなす能力を身につける。
② インターネット上でもインターネット外の世界と同じレベルの倫理的態度を保つ。
③ ネット上の犯罪行為にはネット内独自の規則をもって厳しく対応する。
④ インターネットの本質を理解したうえで企業にアルゴリズムの公開を訴える。
⑤ 自ら意識してネット上の行動パターンを変える。

問4 以下の①〜④が文中の記述に合致するか（○）、合致しないか（×）について判断しなさい。

① フィルターバブルの問題を解決するためには、つながりを過剰結合状態から高度結合状態に戻さなければならない。

② インターネットに対する規制は行動と発想のアリーナを広げるかたちで行うべきである。

③ セレンディピティを緩和するためにも理性のアップグレードが求められる。

④ インターネットの利用者はネット内においても自らの言動には責任を持つべきである。

問5 傍線部ⓐ「前者の問題」の指す内容を20字以内で簡潔に説明しなさい。

Lesson 9

「恋愛後」の話

人は恋愛関係になった後、別れることがあります。そのときはつらい思いをするのですが、その思いをどのように消化していくのかには人それぞれのドラマがあります。小説はそのようなドラマの疑似体験を通して、人として成長する機会を与えてくれるのです。

目標：心情把握問題の解法をマスターする

文章：標準（約2700字）
出典：角田光代『私のなかの彼女』
出題校：長崎大学（改）

Lesson 9

試験本番での目標時間 25 分

この本での目標時間 30 分

▼解答・解説 本冊142ページ

次の文章を読んで、後の設問に答えなさい。なお、出題の都合上、表記を変更しているところがあります。

仙太郎に会ったのは、四ヵ月前の四月だった。まったくの偶然である。和歌はかつてともに飲んでいた作家から花見に誘われ、久しぶりに仲間に加わろうと、九段下に向かったのである。集合時間より早く着いてしまったので、和歌はひとりお堀沿いを歩き、人の多さに辟易（へきえき）して集合場所に向かおうとしたところ、仙太郎を見かけたのだった。満員電車のような混雑ぶりなのに、仙太郎だとすぐにわかった。容姿が変わらないからではなくて、［ A ］

あ、と思った瞬間、向こうも、あ、という顔をした。鼓動が速まったが、知らんぷりをすることができないくらいはっきりと目が合った。

「どうも」仙太郎が先に言い、和歌はなんとか笑顔を作って頭を下げた。

「びっくりしたな、すごい久しぶり」

「ほんと」

［ B ］突然立ち止まった和歌と仙太郎を、花見客が迷惑そうににらみつけて通り過ぎていく。

「お茶でも飲もうか」仙太郎が言い、

「え、でも……」仙太郎の少し後ろに立っている女性が、彼の連れだと気づいて和歌はそちらを見た。

「なんかこんな偶然、二度とないだろうから」

たしかに、そう言われてみれば、今話さないと、もう一生会わないだろうと思えた。仙太郎は背後の女性に何か言い、彼女は和歌に会釈をして人混みにまぎれる。仙太郎と並んで喫茶店に向かいながら、花見は遅れて参加する旨のメールを和歌は打った。

テーブル席に向き合って座ると、奇妙な心持ちがした。［　C　］和歌が今も書き続けていることを仙太郎は知っていた。活躍してるじゃない、というその言葉に裏があるのかないのか、咄嗟に考える自分に和歌は驚いた。まだ体も気持ちも条件反射で反応することに。会わなくなって何年経つのか、指を折って数えないとわからないというのに、だ。

「恋愛なんてしてないのに、恋愛小説家って呼ばれてるよ」和歌は自嘲気味に言った。それもまた、条件反射的だと言ってから思う。

「恋愛してない人のほうが書けるんじゃないの。恋愛してない人が読むんだろうから」仙太郎は言う。

仙太郎も条件反射的に言ったのかもしれないと思いながら、和歌は、その言葉に戸惑うほどのなつかしさを覚える。その言葉の、どんなところに傷ついていたかを、数時間前のことのように思い出すことができる。だから今は、仙太郎の言葉に傷ついていないことをはっきりと悟ることができた。1 その言葉に傷つかないことをさみしいと感じているのが、不思議ではあった。

仙ちゃんは何をしているのと 2 遠慮がちに和歌は訊(き)いた。取り憑(つ)かれたようにさがしてまわった旅行エッセイ本のあと、仙太郎の名で出版された本を和歌は見ていない。五年前は仙太郎の名を検索してみることもあったが、和歌が知っている以上のことはインターネットのなかにはなかった。

仙太郎はコンピュータ会社に勤めていると言って和歌を驚かせた。企業のホームページや宣伝ページを作成していると言う。旅のイラストエッセイは好評で、依頼も多かったのだが、続けるには旅をしなくちゃいけないから、

「結婚を機にやめたんだ、そうそう留守にはできないし」

と、仙太郎は言った。結婚したんだとくり返しながら、和歌は、［　D　］そのくらい動揺していた。四年前に、と仙太郎は答えた。3 和歌はとっさに記憶をたどる。四年前、私は何をしていたか。ああ、重版に驚いていたころだ。仙太郎に笑われるのではないかと不安になっていたころだ。

「だれと?」訊くと、

「仕事で知り合った人。和歌の知らない人だよ」と仙太郎は答えた。

「さっきの人?」

「いや、さっきの人じゃない」

ではさっきの人はどういう関係の人かと条件反射的に疑問がわくが、そんなふうに詮索するのもはばかられた。

「子どもは」なんと言っていいかわからず、訊くと、

「今、二人目がおなかのなか」と言い、「和歌は結婚していないの」と仙太郎は訊いた。

「恋愛もしていないってさっき言ったじゃん」と和歌は笑った。

4 笑ったとたんに、堰(せき)を切ったように胸の内に言葉があふれた。次々とあふれて止まらない。

「ねえ、その人」気がつけば口を開いていた。「その人はコンビニ飯の食事をすることはないの？　その人は他人のために自分の時間を使えるの？　その人の顔つきは卑しくないんだ？　だから結婚したの」

言いながら和歌は違う違うと胸の内で叫ぶ。これじゃあ未練だ。結婚したかったと言っているみたいだ。そうじゃない、そうじゃないんだ。

「きみは馬鹿だ、何も知らない、小説なんか書けるはずがない、人の営みなんか書けるはずがないって、どうして言い続ける必要があったの？　どうしてそこまでして私をコケにしなけりゃならなかったの？　それが知りたいだけなの、ねえ、なんでなの？」

和歌は気づく。向かいにいる仙太郎が、おびえた顔つきになっていることに。その目線の先にいる自分が突如あらわれた不気味な未知の生物であるような気持ちに和歌はなる。

「どうしたの和歌？　だいじょうぶ？　なんのこと？」

そう訊く仙太郎の目はまっすぐ和歌に向けられている。そこに嘘(うそ)はない。この人は、忘れているのだ。

「何か、煮詰まってたり、するの？」

真顔で訊かれ、和歌は、自分の書いた小説の語り手である錯覚を抱いた。この人が忘れたんじゃない、私が捏造(ねつぞう)したんだ、書けないことを何かのせいにするために、この人に自信を奪われたという物語を作ったのだ——和歌は笑いたくなる。正確には何年前か思い出せないほど前に別れたのに、ひとりの暮らしにとうに慣れたのに、あのころの自分ではけっしてないのに、一瞬で私は戻るのだ。

「私たちって、なんで出会う必要があったのかな」

思ったことがそのまま口から出た。仙太郎の、おびえてこわばった顔がほんの少しゆるむ。なぜ私を選ばなかったかとかつての恋人が責めているらしい、となんとか理解したのだろう。

「出会いに必要性はないんじゃない？　別れにはあっても」

「じゃあ、なんで別れる必要があったの？」5誤解されていることを承知で和歌はあえて訊いた。その答えが今もなお自分を傷つけるか、知りたかった。

「何言ってんの。きみが仕事をとったんじゃない。ぼくじゃなくて」

和歌は仙太郎を真正面から見た。仙太郎の言葉が自分を傷つけないことにほっとしつつ、驚いてもいた。

「和歌、あんまり無理するなよ」会計をすませながら、仙太郎は言った。「さっき、本気でどうにかなっちゃったかと思ったよ。無理して、追い詰められてまで書くことなんてないよ」

「そこまで求められてないもんね」和歌は、かつて自分とともにいた仙太郎を思い出しながら、コーヒー代を取り出した。小銭も和歌の言葉も受け取らず、

「今日は会えて本当によかった。じゃあ」

と、仙太郎は笑顔を見せて先に店を出ると、ガラス張りのドア越しに手を上げ、そのまま走っていった。

（角田光代『私のなかの彼女』より）

問1 [A]～[D]には次の部分が抜けています。A～Dに入る適当なものを①～④の中から一つずつ選びなさい。

① 動作はすっかり覚えているのに、なんのための動作か忘れているようなアンバランスな感じがあった。

② 何を思えばいいのかわからないまま、鼓動だけが強くなる。

③ 自分が驚いているのかいないのか、判断しかねていた。

④ 視線が吸い寄せられる磁力のようなものがあった。

問2 傍線部1「その言葉に傷つかないことをさみしいと感じているのが、不思議ではあった」について、なぜ「不思議」なのですか。最も適当なものを次の①～④の中から一つ選びなさい。

① 仙太郎はかつて裏のある言い方で和歌を傷つけてきた。久しぶりに会ってみると、仙太郎は別人のように優しくなっていて、ほっとするのではなくさみしく思う自分が思いがけなかったから。

② 仙太郎はかつて条件反射的な何気ない言葉で図らずも和歌を傷つけてきた。久しぶりに会って仙太郎の言葉が和歌には響かず、作家としての輝きを失った仙太郎にさみしさを感じる自分が滑稽だったから。

③ 久しぶりに会った仙太郎の言葉に、まだ心も体も条件反射で反応したのに、以前のように傷つくことはなく、そこに仙太郎との距離を感じ、さみしいと思う余裕さえ感じられた自分を意外に思ったから。

④ 久しぶりに会った仙太郎の言葉に、まだ心も体も条件反射で反応したのに、以前のように核心をつく言葉ではなく、表面的な会話に物足りなさを感じ、拍子抜けしたから。

問3 傍線部**2**「遠慮がちに和歌は訊いた」とあるが、なぜ「遠慮がち」なのですか。本文から読み取れる範囲で四十字以内(句読点を含む)で理由を説明しなさい。

問4 傍線部**3**「和歌はとっさに記憶をたどる」とあるのはなぜですか。最も適当なものを次の①~④の中から一つ選びなさい。

① 仙太郎の出版が途絶えた時期と結婚の理由の整合性を確認しようという意図から。
② 仙太郎の相手が自分と交際していた期間と重ならないかという疑いから。
③ 仙太郎の結婚と聞いて動揺し、条件反射的に情報を集めようとしたことから。
④ 仙太郎が幸せな時期に自分は何をしていたか、という仙太郎に対する対抗心から。

問5 傍線部**4**「笑ったとたんに、堰を切ったように胸の内に言葉があふれた」とはどういう状況ですか。最も適当なものを次の①~④の中から一つ選びなさい。

① 久しぶりに会った仙太郎の状況が分からず遠慮していたが、幸せだと分かると、笑い声が飛び出したのをきっかけに、今度は自分が仙太郎の言葉に抑圧されていたことへの鬱憤が噴き出した。
② 久しぶりに会った仙太郎が自分のことを傷つけていたのは和歌の思い過ごしと分かり、一人で苦しんでいたことがばかばかしくなって笑い声が飛び出したのをきっかけに、感情が噴き出した。
③ かつて自分をなじった仙太郎が別の女性と結婚したことを知り、悔しさの余り感情が高ぶって、笑ったついでを装って同じ言葉を浴びせることで、別の女性と結婚したことを責めた。
④ かつて自分をなじった仙太郎が別の女性と結婚して幸せなのに、自分はいつまでも仙太郎の言葉に苦しんでいることを仙太郎に伝え、釈明を求める気持ちで、笑い声をきっかけに一気にまくしたてた。

問6　傍線部5「誤解されていること」の内容について、四十字以内（句読点を含む）で説明しなさい。

問7　この文章の表現に関する説明として最も適当なものを次の①～④の中から一つ選びなさい。

①　本文はかつての恋人同士が偶然再会してお互いの近況を報告し合う場面である。一方的に別れを告げられたと思っていた男性のその後を知るにつれて推移する女性の心境が描出されるが、最後には気持ちの整理がつく。本文の特徴は、女主人公の心理の変化に視点が置かれる一方で男性は言動の叙述に留まるという対比にある。

②　本文はかつての恋人同士が偶然再会してお互いの近況を報告し合う場面であるが、終始、女主人公はぎこちない態度で相手の話を聞く。一方、男性は再会と女性の活躍を心から喜んでいる。本文の特徴は、話の進行に沿って鮮明になっていく、対照的な二人の心理描写にある。

③　本文はかつての恋人同士が偶然再会してお互いの近況を探り合う場面である。男性とは対照的に女主人公は過去のわだかまりを持ち最後まで緊張して対話している。本文の特徴は、一切の情景描写を排除し、女主人公の心理を詳細に説明することによって読者の感情移入を促す工夫がなされている。

④　本文はかつての恋人同士が一緒にお茶を飲む場面である。女主人公は何年もの間、男性への未練が断ち切れずにいたが、再会によって愛情が再燃する。本文の特徴は、再会した男性への恨みと期待が複雑に絡み合ってすさんだ心境の女主人公と、最後までそれに気づかない男性を対照的に描き出している。

Lesson 10

「寺」の話

寺には仏像や庭園があります。日常生活ではあまり訪れる機会がないところですが、だからこそ日常を離れたいときに寺はぴったりの場所です。特に信仰心がなくとも、都会の喧騒(けんそう)を離れて寺でゆっくり瞑想(めいそう)をしてみると、スッキリして受験勉強に戻ることができるかもしれません。

目標：傍線部理由説明問題の解法をマスターする

文章：標準（約3500字）
出典：亀井勝一郎『大和古寺風物誌』
出題校：龍谷大学（改）

Lesson 10

試験本番での目標時間

分

この本での目標時間

分

▼解答・解説　本冊160ページ

次の文章を読んで、後の設問に答えなさい。

中宮寺の庭は、誰にもかえりみられない平凡な庭だが、1私はいつも不思議に心をひかれる。造園術と云ったものからはおよそ縁遠いように思われる無造作な庭で、何の奇もないが、あの清浄で柔軟な感じはどこから出てくるのだろう。法隆寺境内と同じ地つづきであるから、砂まじりの地質に相違ないが、その上に改めて白砂を敷きつめたのである。この効果が大きい。塵ひとつ止めぬ、掃き目の正しい白砂の庭は、尼寺の純潔と優しさに一入輝きを添えているようだ。誰の思いつきか知らないが、日光をこれほど適切に、柔かくうける方法は他にあるまい。海岸の砂地ならば日光は強烈すぎる。また大庭園ならば徒らにきらきらして下品な感じを与えるだろう。しかし中宮寺のような狭く薄暗いほどの庭では、実によく調和して、春の夜明のような仄かでおっとりした光線を生み出してくる。これは期せずして得られた無類の芸術的光線だ。

砂の光りと日の光りが、ゆるやかにもつれあって遊戯しているようにみえる。だから砂の上を歩むのがためらわれる。つい忍び足になる。足跡を残すのは罪悪のように感ぜられるのだ。翼がほしい。光りの戯れの中を軽く飛んで思惟菩薩のもとにまいりたい。こんな思いを抱かせる庭はおそらく他にないであろう。しかし人々は平凡な庭として気にもとめないでいるのだ。だから益々いい。

私はこの庭をどう形容したらいいか考えてきたが、結局、2「微笑の庭」と呼ぶのが最もふさわしいようだ。中宮寺の庭はたしかに微笑している。微笑なるがゆえに誰も気づかない。それは思惟菩薩の口辺に浮ぶ、有るか無きかの微笑の余韻かもしれない。恩寵かもしれない。また白砂の庭にふりそそぐ日光が、ほどよく中和され、それが堂内に反射して思惟の姿に一層の柔軟性を与えていることも考えられる。思惟像はおそらくこの光りを滋養として吸収してきたであろう。

屢々中宮寺を訪れているうちに、私はこんな感想を抱くようになったが、しかし遠く離れて、心の中でこの尼寺を思い浮べるとき、とくに微笑のことが一番つよく思い出される。菩薩像も庭もすべてをふくめて、中宮寺全体が微笑の光りのなかに浮びあがってくる。そして3それが次第に一つの思想に結晶して行くのである。私は戦争の終った秋この文章をかいている。二年間というもの大和を訪れる機会はなかった。硝煙と飢餓の都に住んで、最も憧憬したものは何かと問われるならば、私は微笑だと答えよう。それは戦争の現実の中で得られたかと問われるならば、遺憾ながら否と答えねばならぬ。更に日本の敗戦の理由を問われるならば、微笑の喪失にあったと答えたいのだ。私はこの言葉によって何を求めていたか。必ずしも口辺に浮んだ微笑のみではない。精神の或る健全な姿を求めていたのだ。おのずから、繊細な心、深い思いやり、隠れた愛情、慈悲、柔軟性、様々の表現を微笑という一語にふくめて、これを戦乱の巷に求めていたのであった。そういう日の自分の念頭には常に中宮寺の思惟像があり、光りの庭が夢幻のように浮びあがっていた。私にとってそれは微笑の泉のごときものであった。

古仏の微笑は云うまでもなく慈悲心をあらわしたものにちがいないが、これほど世に至難なものはあるまい。微妙な危機の上に花ひらいたもので、私はいつもはらはらしながら眺めざるをえない。菩薩は一切衆生をあわれみ救わねばならぬ。だがこの自意識が実に危険なのだ。もし慈悲と救いをあからさまに意識し、おまえ達をあわれみ導いてやるぞと云った思いが微塵でもあったならばどうか。表情は忽ち誇示的になるか教説的になるか、さもなくば媚態と化すであろう。大陸や南方の仏像には時々この種の表情がみうけられる。大げさで奇怪で、奥床しいところは少しもない。これは仏師の罪のみでなく、根本を云えば大乗の教の至らざるところからくる。思想の不消化に関連しているようである。

　我が思惟像が、あの幽遠な微笑を浮べるまでには、どれほどの難行苦行があったか。そこには思想消化の長い時間があり、また生硬で露骨な表情に対する激しい嫌悪があったにちがいない。古人のそうした戦いを、私は思惟像の背後に察せざるをえないのだ。美的感覚の問題もむろんあるが、その成長の根には信仰の戦いが必ずあったであろうと思う。微笑は必ずしも心和かな時の所産でなく、却って憤怒に憤怒をかさねた後の孤独な夢であったかもしれない。

[a]

　私は戦時中それをつぶさに感じた。粗野な感覚、誇示的な表情の横行に対して、つねに武装していなければ精神は死滅するかに思われた。真勇は必ず微笑をもって事を断ずる。4真の勇猛心は必ず柔軟心を伴う。だがこれは求めて得られざるところであった。常に正しいことだけを形式的に言う人、絶対に非難の余地のないような説教を垂れる人、所謂指導者なるものが現われたが、これは特定の個人というよりは、強制された精神の畸形的なすがたであったと言った方がよい。精神は極度に動脈硬化の症状を呈したのである。言論も文章も微笑を失った。正しい言説、正しい情愛といえども、微笑を失えば不正となる。正しいことを言ったからとて、正しいとはいえないという微妙な道理をいやになるほど痛感したのである。

[b]

微笑はおのずから湧く泉のごときもの、「我」ならぬもの、そして根源に必ずなつかしさがなければならぬ。なつかしさの感情はいかに自ら人工しても出てこない。在りのままの飾らざる人間に、ふとあらわれる後光のようなものだ。人と別れた後、もしそこになつかしさがあるなら必ずふりかえって別れを惜しむであろう。そうさせる力が後光なのだ。人間の心は、眼や表情にもあらわれるが、後姿にはっきりあらわれることを忘れてはならぬ。人は後姿について全く無意識だ。そして何げなくそこに全自己をあらわすものだ。後姿は悲しいものである。無常の世に生きるものの悲哀、生の疲れ、無限の嘆きを宿しているように思われる。例外なく、何かしら人生の重荷を背負っているからであろう。だからこそなつかしいのではなかろうか。微笑をもって別れるものは美しい。[C]

菩薩とは、かかるなつかしさに常住するものにちがいない。5 慈悲とは、高所よりの同情心や博愛ではなく、もっと身につまされた生の嘆きであろう。善をのみなつかしむのではない。悪をもなつかしむのだ。いっそ善悪を分別せぬ人間の在りのままの相に身を沈めて行くのだと云った方がよい。即ち化身の所作である。化身とは捨身である。苦痛にちがいない。慈悲の根底にある無限の忍耐、云わば人生を耐えに耐えたあげく、ふとあの微笑が湧くのかもしれぬ。救世観音や中宮寺思惟像の微笑は極度に内面化されたものだ。あの口辺をみていると、何かを言おうとして口ごもっているように感ぜらるる。それは微笑の寸前であるとともに、慟哭の寸前でもあるようにみうけられる。菩薩の微笑とは、或は慟哭と一つなのかもしれない。凄惨な人生に向って、思わずわっと泣くほんの少し前に浮び出る微笑であるかもしれない。

我々はただ口辺に気をとられているが、口辺の微笑とは、おそらく余韻だ。菩薩の心奥には七転八倒の苦悩があり、言うに言われぬ思いがあり、どうにも致し方がなくて、あたかも波紋のように浮べてみたのが微笑なのかもしれない。それは瞬時にして憤怒の相ともなり、慟哭の表情とも変るであろう。救世観音や思惟像の微笑は永遠なるものとして刻まれているが、それは同時に刹那だ。有るか無きかに、忽ち消え失せるかもしれぬほんの一瞬を止めたのだ。人間のこうした力はどこから出てくるのであろうか。微妙で至難な刹那を、よくぞ菩薩像の口辺に止めたものだ。**d**

芸術は常に恐るべき危さに生きるものだ。この恐怖を自覚したとき、芸術の使徒は宗教の使徒ともならざるをえないだろう。思惟像の微笑をみていると、そのことがはっきり感ぜらるる。仏師は実に危いところに生きている。一手のわずかの狂いが、微笑を忽ち醜怪の極へ転落さしてしまうだろう。その一手はいのちがけだ。空前にして絶後なのだ。仏師はおそらく満足というものを知らなかったであろう。一軀の像を刻むことは、一つの悔恨を残すことだったかもしれぬ。多くの古仏の背後には、どれほどの恨みが宿っているか。微笑のために死んだ仏師を私は思わないわけにはゆかない。

(亀井勝一郎『大和古寺風物誌』より)

(注)
＊中宮寺……奈良県生駒郡斑鳩町にある、聖徳太子ゆかりの尼寺。建立は六〇七年とされている。
＊思惟菩薩……飛鳥時代の作で国宝。人々をいかに救おうかと思索(思惟)している姿の仏像で、アルカイックスマイル(古典的微笑)の典型と高く評価されている。
＊大乗……仏教の教えの一つ。どんな人でも信仰があれば救われるとして、自分よりも他者の救済を優先する利他的な教え。

問1　傍線部**1**「私はいつも不思議に心をひかれる」とありますが、筆者が中宮寺の庭に「心をひかれる」理由を説明したものとして、最も適当なものを次の中から一つ選びなさい。

① 中宮寺の庭は、誰も気にとめない平凡な庭だが、仄かな日光が狭く薄暗い庭に差し込むことで、比類のない芸術的な雰囲気を保っているから。

② 中宮寺の庭は、造園術とは無縁な平凡な庭だが、塵ひとつ残さず、白砂を上品に敷きつめることで、尼寺らしい純潔さを保っているから。

③ 中宮寺の庭は、何の奇もない平凡な庭だが、ふりそそぐ日光が白砂に反射して、いたずらに戯れているような雰囲気に包まれているから。

④ 中宮寺の庭は、無造作で平凡な庭だが、敷きつめられた白砂と日光とが芸術的に調和して、清浄で柔らかな雰囲気に包まれているから。

問2　傍線部**2**「『微笑の庭』と呼ぶのが最もふさわしいようだ」とありますが、その理由を説明したものとして、最も適当なものを次の中から一つ選びなさい。

①　思惟菩薩の口辺に浮かぶ微笑の余韻と、ふりそそぐ日光とがほどよく中和することで、菩薩の柔軟性がいっそう増しているように感じられるから。

②　思惟菩薩の口辺に浮かぶ微笑の余韻と、白砂の庭にほどよく中和した日光の反射とが重なり、中宮寺全体が微笑に包まれているように感じられるから。

③　思惟菩薩の口辺に浮かぶ微笑と、ふりそそぐ日光とがほどよく中和し、中宮寺全体が有るか無きかの微笑に包まれているかのように感じられるから。

④　思惟菩薩の口辺に浮かぶ微笑が、白砂の庭にふりそそぐ日光を滋養として吸収し、中宮寺全体の柔軟性がいっそう増しているように感じられるから。

問3　傍線部**3**「それが次第に一つの思想に結晶して行くのである」とありますが、「一つの思想」の中に明らかに当てはまらないものを次の中から一つ選びなさい。

①　戦争の現実と微笑との関係についての思索の深まり。

②　平凡な庭と微笑との関係についての思索の深まり。

③　慈悲心と微笑との関係についての思索の深まり。

④　信仰の戦いと微笑との関係についての思索の深まり。

問4 空欄 [a] ～ [d] のいずれかに次の括弧内の一文が入ります。挿入すべき位置として、最も適当なものを①～④の中から一つ選びなさい。

［実に畏ろしい驚嘆すべきことである。］

① a　② b　③ c　④ d

問5 傍線部**4**「真の勇猛心は必ず柔軟心を伴う」とありますが、戦時中の状況を筆者はどのようにとらえていますか。最も適当なものを次の中から一つ選びなさい。

① 戦時中の日本人は、柔軟心なき勇猛心のために、精神が極度に動脈硬化の症状を呈してしまい、正しいことだけを形式的に言い続けた末に、悲惨な結果となった。

② 戦時中の日本人は、粗野な感覚を抱き、誇示的な表情で勇猛心を示したが、常に武装していたために、健全な精神を死滅させることなく柔軟心を保った。

③ 戦時中の日本人は、誇示的な表情をして、非難の余地のないような説教を垂れる特定の個人を除いて、柔軟心ある勇猛心を身につけていった。

④ 戦時中の日本人は、精神を死滅させないためにつねに武装を強いられ、微笑なき勇猛心を示していたが、正しい情愛を取り戻したことで柔軟心を得られた。

問6 傍線部**5**「慈悲とは、高所よりの同情心や博愛ではなく、もっと身につまされた生の嘆きであろう」とありますが、筆者の考える「慈悲」を説明したものとして、最も適当なものを次の中から一つ選びなさい。

① 慈悲とは、菩薩が等身大の人間、在りのままの人間に寄り添うときにあらわれるものであり、人生を耐えに耐えたあげくに微笑として具現化してくるもの。

② 慈悲とは、善悪を分別せぬ人間の在りのままの姿に寄り添い、民衆の嘆きが多ければ多い程、多くの人々を視野に入れて救おうとして高い位置から見渡すこと。

③ 慈悲とは、七転八倒の苦悩を人々と共有する菩薩が、人生を耐えに耐えた人が抱く、言うに言われぬ慟哭の思いに反して、微笑の表情であらわしたもの。

④ 慈悲とは、人の苦しみを救い、幸福を願う心であるから、悪の面を持ち、奥床しさがなく、おろかであり続ける人々以外に向かうべきもの。

問7　この文章の内容に明らかに合致しないものを次の中から一つ選びなさい。

①　平凡で無造作な中宮寺の庭だが、日光を柔らかく受ける白砂が実によく調和して、清浄で柔軟な感じをもたらし、期せずして得られた無類の芸術的光線を生み出している。

②　思惟菩薩の微笑は慈悲心をあらわしているが、戦時中の人々には粗野な感覚や誇示的な表情が横行して、微笑が失われたと同時に、繊細な心や深い思いやりがなくなってしまった。

③　思惟菩薩が作られたのは、とても辛い時代であり、人々の悲哀があふれていたが、慈悲の根底にある無限の忍耐の末にあらわれた菩薩の微笑によって人生の重荷をおろすことができた。

④　仏像の微笑を永遠なるものとして刻むと同時に、ほんの一瞬の表情を止めた仏師は、実に危いところに生きており、一手のわずかな狂いが微笑を醜悪なものにしてしまう。

大学入試

柳生好之のThe Rules現代文問題集 2 入試標準

はじめに

現代文読解に必要な「文法」「論理」をルールにまとめました

入試で出題される現代文においては、全く同じ文章を目にすることは極端に少なく、毎回違う文章と格闘しなくてはいけません。今までの人生で多くの読書経験があれば、初めて見る文章に臆することなく立ち向かうこともできると思います。実際多くの場合、現代文が得意な人は読書経験が豊富な人です。一方で、今まで文章を読んだ経験が少ないという受験生にとっては、受験当日までに熱心な読書家と同じだけの大量の文章を読むことはできないので、現代文という科目が高い壁として立ちはだかります。本書はこのような受験生を救うために作られました。

読書経験が少なくとも、「文法」「論理」という客観的なルールに従えば、大学入試で問われるくらいの内容ならば、読み解くことが可能なのです。大学入試では文章と自分の人生経験とを結びつけた深い意味の理解は問われません。あくまで「文章に書いてあることを、書いてある通りに理解できているか」が問われるのです。こちらの理解ならば、ルールを身につけることによって短期間でできるようになります。

本書は僕自身が大量の入試問題を研究する中で、必ず問われるポイントとなるようなことを選び抜いて洗練させて作りました。「文法」「論理」といった客観的なルールをもとにして、入試問題の設問を解くのに最適化させた珠玉のルールたちです。ぜひこの「The Rules」を自らの武器として、現代文という壁を乗り越えてください。

昨日見た問題が解けるだけでなく、まだ見ぬ明日の問題も解けるようになる。

これが「The Rules」の一番の目的です。

そして、本書をきっかけとして、今まで文章をあまり読んでこなかったという皆さんが大学に合格して、未知の様々な分野の本に臆することなく、むしろ、好奇心を持ってたくましく立ち向かう熱心な読書家になってくだされば、これに勝る喜びはありません。

柳生好之

目次

Lesson

柳生好之 やぎゅう・よしゆき
1979年石川県生まれ。早稲田大学第一文学部総合人文学科日本文学専修卒業。オンライン予備校「スタディサプリ」現代文講師。難関大受験専門塾「現論会」代表。「スタディサプリ」では東大をはじめとした難関大対策・共通テスト対策などの講座を多数担当している。著書は『ゼロから覚醒　はじめよう現代文』(かんき出版)、『柳生好之の現代文ポラリス』(KADOKAWA)、『入試現代文の単語帳BIBLIA2000』(Gakken)など、20冊以上。

編集協力：そらみつ企画
校正：株式会社エイティエイト／加藤陽子
國本美智子／鈴木充美／加田祐衣
宮川咲
組版：幸和印刷株式会社
装幀・本文デザイン：相馬敬徳（Rafters）
装幀写真撮影：曳野若菜

本書の特長と使い方

特長

本書は、大学入試現代文の傾向を知り、対策を立てるための問題集です。本書では現代文読解に必要な「文法」「論理」をルールにまとめています。大学や文章のレベルを問わず使える再現性が高い一生モノのルールです。構成は次の通りです。

▼問題

近年の入試問題の中から、レベルに応じた10題を掲載しています。本書では長さにとらわれずに「優れた文章・設問」を採用しました。難易度やジャンルにとらわれず、ルールを身につけるのに最適な順番で配置してあるので、必ず順番通りに解いてください。

▼解答・解説

このレッスンで出てくるルール

各レッスンで登場するルールを紹介しています。ルールは、次の二種類に分類されています。

読解……本文の読解に関わるルール
解法……設問の解答に関わるルール

※読解／解法のうち発展的な内容には 発展 、難易度の高い内容には 難関 のマークを付しています。これらは「このレッスンで出てくるルール」には紹介せず、該当箇所のみに紹介しています。

本文解説

上段には本文を再掲載し、着目ポイントなどを次のように示しています。

〈 〉……主題、主語（部）
【 】……比較的重要度が高い情報（筆者の主張、心情など）
（ ）……読解の手がかりになる部分（具体例、比喩、引用、譲歩など）
□……情報の整理に役立つ指示語・接続表現・フレームなど
※「フレーム」とは文章を読むときに注意すべき「枠組」のことです。
▒……重要な情報
▒……重要な情報と対立関係にある情報
※その他、対応関係などを「↕」「↑」「—」の線でつなげています。
※これらは、全てに付いているわけではなく、特に重要な部分に付いています。

下段にはルールを紹介しています。上段の該当箇所と合わせて確認しましょう。

読解マップ……本文を整理し、まとめています。
本文要約……本文を200字程度で要約しています。
重要語句……重要な語句に説明を付けました。
※語句の上の数字は本文の行数です。

設問解説

各設問を解説しています。「空所補充問題」など各設問の種類を示すとともに、難易度を★～★★★の三段階で示しています。

使い方

❶目標時間を意識して問題を解く

「この本での目標時間」を目指して問題を解いてみてください。

❷「本文解説」「読解マップ」「設問解説」の順番に解説を確認する

解答を確認した後は、間違えたところだけではなく、解説全体を読みましょう。できれば意味段落分けと要約にもチャレンジしてみましょう。

『The Rules』全67ルール一覧

●本書に収録されているルールは色文字で示されているものです。（⇒○）は掲載Lessonを示しています。
●1234はそれぞれ次の本を表しています。1：1入試基礎、2：2入試標準、3：3入試難関、4：4入試最難関。

ルール0　大原則「現代文では本文に書いてあることが正しい」

現代文では「事実」や「常識」に一致していることが正しいのではなく、「本文」に書いてあることが正しいという絶対ルールがあります。このルール0に基づき「❶本文を読んでから設問を解く」「❷本文中に解答の根拠を求める」を必ず実行するようにしてください。本書では同じルールが何度も登場しますが、これは学んだことが別の問題でも活かせることを証明するとともに、入試本番でも同じルールで読み解くことができるようになることを目的としています。

記述の基本ルール

記述の基本的なルールを7ページに示したので、問題編に取りかかる前に読んでおくようにしましょう。

- ルール1　読解　「は」で強調されている「主題」に注目する！　⇓2・8　1 2 3 4
- ルール2　読解　「同値関係（＝言い換え）」に注意する！　⇓5　1 2 3 4
- ルール3　読解　「キーワード」の「詳しい説明」に注意する！　⇓1　1 2 3 4
- ルール4　読解　「対立関係」を整理して「主張」や「重要な情報」をとらえる！　⇓1・2・3・5・7・8・10　1 2 3 4
- ルール5　読解　「変化」は「何から」「何へ」の部分に注目する！　⇓3　1 2 3 4
- ルール6　読解　「矛盾」に注意する！　1 2 3 4
- ルール7　読解　本文の矛盾は「逆説」を疑う！　⇓4・8・10　1 2 3 4
- ルール8　読解　「皮肉」の表現に注目する！　1 2 3 4
- ルール9　読解　「並列関係」は並べる事柄とその対応を整理する！　⇓3・4　1 2 3 4
- ルール10　読解　「類似」に注目する！　⇓1・2・4・8　1 2 3 4
- ルール11　読解　「因果関係」は原因と結果に注目する！　1 2 3 4
- ルール12　読解　「因果関係」は表現で見抜く！　1 2 3 4
- ルール13　読解　「ある事柄」が成立するための「条件」に注目する！　⇓4　1 2 3 4
- ルール14　読解　「主張」に伴う「根拠」を意識する！　⇓3・4・10　1 2 3 4
- ルール15　読解　本文に書かれていない「結論」を推察する！　1 2 3 4
- ルール16　読解　「具体例」前後の「筆者の主張」を見抜く！　⇓1・2・3・8　1 2 3 4
- ルール17　読解　「まとめ」は「筆者の主張の要点」と考える！　⇓1・2・3・5・8　1 2 3 4

記述の基本ルール

記述問題は、国公立大学の二次試験だけではなく、様々な私立大学でも出題されます。自身の志望する大学に記述問題が出題されるか調べておくことはもちろん、ここで紹介する内容をしっかり頭に入れて対応できるようにしましょう。

記述ルール❶　基本三原則を守る！

記述解答の際には次の三原則を必ず守りましょう。

一、漢字を正しく書く
二、文法・語法・構文に忠実に書く
三、内容の過不足なく書く

細かく減点されることもあるので、ミスがないかを読み直すなど、自身の答案をしっかりと確認しましょう。

記述ルール❷　制限字数の7割以上は書く！

制限字数の半分に満たない答案は採点されないこともあるので、7割以上は書くように心がけましょう（注記されていない限りは句読点も字数に含めます）。

また制限字数が示されていない場合は、解答欄の大きさを確認して、枠内におさまるように書けば良いでしょう。

記述ルール❸　主語と述語が対応するように書く！

日本語文の骨格は主語と述語です。ここが対応していないと、内容が根本的に間違ってしまうので要注意です。

例：×私の将来の目標は、大学教授になりたい。
　　○私の将来の目標は、大学教授になることだ。

記述ルール❹　修飾語と被修飾語は近くに置く！

解答の一文が長い場合、修飾語と被修飾語が離れすぎていると読みにくく、減点される可能性があるので、気をつけましょう。

例：「多くの高校生」が集まったことを伝える場合
　　×多くの問題集を持っている高校生が集まった。
　　○問題集を持っている多くの高校生が集まった。

記述ルール❺　特殊な言い回しは避ける！

記述解答では、特殊な言い回しは避け、一般的な言い回しで書きましょう。誰にでも一通りの意味で伝わる文章を書くことを意識しましょう。

例：×受験勉強は水滴が岩盤をうがつようにするべきだ。
　　○受験勉強は日々の継続的な学習が重要だ。

記述ルール❻　設問に対応した文末表現にする！

記述解答は、必ず設問に対応した文末表現にしましょう。

例：設問「どういうことか」→解答「〜ということ。」
　　設問「なぜか」→解答「〜から。」

Lesson 1

解答・解説

▼問題 別冊 3ページ

このレッスンで出てくるルール

- ルール4 読解 「対立関係」を整理して「主張」や「重要な情報」をとらえる！
- ルール16 読解 「具体例」前後の「筆者の主張」を見抜く！
- ルール23 読解 「疑問文」の「答え」は「筆者の主張」と考える！
- ルール3 読解 「キーワード」の「詳しい説明」に注意する！
- ルール25 読解 「分類」に注意して内容を整理する！
- ルール17 読解 「まとめ」は「筆者の主張の要点」と考える！
- ルール34 読解 「具体例」が長い場合には、はじめと終わりに（　）を付けて読み飛ばす！
- ルール44 解法 空所補充問題は「解答へのステップ」で解く！ ⇒問1
- ルール45 解法 脱文補充問題は「解答へのステップ」で解く！ ⇒問2
- ルール41 解法 傍線部内容説明問題は「解答へのステップ」で解く！ ⇒問3
- ルール10 読解 「類似」に注目する！ ⇒問3
- ルール42 解法 具体例を挙げる問題は「解答へのステップ」で解く！ ⇒問5

解答

問1 Ⅰ ② Ⅱ ⑧ Ⅲ ④

問2 ②

問3 ⑤

問4 i ④ ii ③ iii ①

問5 ③

問6 ②

本文解説

出典：大竹文雄（おおたけふみお）『行動経済学の使い方』

意味段落Ⅰ 「『ナッジ』とは何か」

引用

1 「ナッジ」は「軽く肘でつつく」という意味の英語である。（ノーベル経済学賞受賞者のリチャード・セイラーは、ナッジを「選択を禁じることも、経済的なインセンティブを大きく変えることもなく、人々の行動を予測可能な形で変える選択アーキテクチャーのあらゆる要素を意味する」と定義している。）

ルール4 一般論

譲歩

2 （一般的に、人々の行動を変えようとするとき、法的な規制で罰則を設けて、特定の行動を禁止して選択の自由そのものを奪うか、税や補助金を創設して、金銭的なインセンティブを使うことが多い。もう一つの手段は、教育によって人々の価値観そのものを変更することである。）しかし、教育を通じた価値観の形成は、短期的な効果を大きく期待できるものではないし、（義務教育年齢の子どもに対しては有効な手段であるかもしれないが、）それ以外の年齢層には必ずしも有効な手法ではない。

ルール4 対立関係・主張

3 【行動経済学的手段を用いて、選択の自由を確保しながら、金銭的なインセンティブを用いないで、行動変容を引き起こすことがナッジである。】大きなコストをかけないとそのような政策的誘導から簡単には逃れることができないのであれば、その誘導はナッジとは呼べない。ナッ

≫ルール4 読解 「対立関係」を整理して「主張」や「重要な情報」をとらえる！

ある事柄を説明するときは、反対の内容と比較することでわかりやすくなります。そのため論理的文章では「対立関係」にある文が頻出しますので、意識しながら読んでいきましょう。

「対立関係」を表す表現

① **「譲歩」のフレーム**
- □確かにA、しかしB。
- □もちろんA、しかしB。
- □なるほどA、しかしB。
- □無論A、しかしB。

② **「否定」のフレーム**
- □AではなくB。 □Aではない。B。

③ **「差異」のフレーム**
- □AはXであるのに対し、BはYである。
- □一方では、AはXである。他方では、BはYである。

筆者は自説を強調するときに「一般

ジは命令ではないのである。（ルール16 具体例）【例えば、カフェテリアで果物を目の高さに置いて、果物の摂取を促進することはナッジである。しかし、健康促進のためにジャンクフードをカフェテリアに置くことを禁止するのはナッジではない。】

4 ナッジは、行動経済学的知見を使うことで人々の行動をよりよいものにするように誘導するものである。（差異）一方、行動経済学的知見を用いて、人々の行動を自分の私利私欲のために促したり、よりよい行動をさせないようにしたりすることは、ナッジ（否定）ではなく、スラッジと呼ばれている。スラッジとはもともと、ヘドロや汚泥を意味する英語である。

5 （ルール16 具体例）【例えば、ネットで買い物をした際に、宣伝メールの送付があらかじめ選択されていて、その解除が難しい場合は、ナッジ（否定）ではなくスラッジである。商品を購入した際に割引がもらえるというキャンペーンで、領収書や商品番号を書類に記入して郵送する必要があるようなもの（ルール10 類似）もスラッジである。社会保障の受給手続きが必要以上に面倒になっているの（類似）もスラッジである。】

6 （主張）【うまくナッジを設計することができれば、私たち自身の意思決定はよりよいものになる。】（ルール16 具体例）【現在バイアスが理由で仕事を先延ばしする傾向がある人なら、先延ばしすること自体を面倒にするナッジを作ればよい。定時の仕事をのんびりしてしまい、深夜残業しがちな人であれば、深夜残業を原則禁止し、早朝勤務を選べるようにするのは一案だ。残業をするという選択の自由を確保しながら、早朝に残業するという面倒を増やすことで、先延ばし行動を抑制できる。】

的に考えられている説（一般論）を引き合いに出すことがあります。「一般論」と「筆者の主張」という「対立関係」に注意しましょう。

「人々の行動を変える」

△**一般論**
→「法律」「教育」

↔**対立関係**

◎**筆者の主張**
→「ナッジ」

「行動経済学的知見の用い方」

・ナッジ→人々の行動をよりよいものにするように誘導するもの

↔**対立関係**（**差異**）

・スラッジ→人々の行動を自分の私利私欲のために促したり、よりよい行動をさせないようにしたりすること

≫ルール16 読解 「具体例」前後の「筆者の主張」を見抜く！

筆者は「主張」をわかりやすくするために「具体例」を挙げます。「具体例」の目印となる表現がいくつかある

意味段落Ⅱ 「『ナッジ』の設計プロセス」

7 どうすれば、よいナッジを設計することができるだろうか。OECD（経済協力開発機構）や行動洞察チームが、ナッジの設計のプロセスフローを提案している。どれも基本的に同じような構造でなりたっている。（OECDのBASICという提案は、人々の行動（Behaviour）を見て、行動経済学的に分析（Analysis）し、ナッジの戦略（Strategy）を立て、実際にナッジによる介入（Intervention）をしてみて、変化（Change）を計測するというものである。

8 ideas42という組織が提案している5段階のプロセスは、問題を定義し、処方箋を考え、ナッジを設計し、その効果をテストした上で、大規模に実施するというものだ。行動洞察チームは、ナッジをテストし、その効果を検証した上で、政策に適用するという3段階のものを提案している。）基本的には、課題となっている問題の背景を行動経済学的に考えて、ナッジを考案し、テストするというプロセスである。

9 もう少し具体的にそのプロセスを考えてみよう。最初にすべきことは、意思決定のプロセスを図式化することである。意思決定のプロセスを理解し、それにかかわる行動経済学的なバイアスとその影響を推測する。そして、それに対応したナッジの候補を選び、技術的な制約の中で実施可能なものを決める。その際に、意思決定の上位にかかわるナッジを優先し、効果を検証する。

ので、覚えておくと良いでしょう。また、「具体例」の前後にある「筆者の主張」をとらえましょう。

「具体例」を表す表現
- □たとえば □…など
- □…のひとつ

»ルール23 読解 「疑問文」の「答え」は「筆者の主張」と考える！

論理的文章において「疑問文」は「問題提起」の働きをします。読者にあえて疑問を投げかけることによって注意をうながして、「筆者の主張」に導きます。「問題提起」を発見したら、その「答え」を探しましょう。直後にくる場合もありますが、かなり後ろの方にくる場合もありますので、忘れないように「疑問文」にはチェックを付けておきましょう。

「問題提起」のフレーム
- □「疑問文」＝「問題提起」
- ↓
- □「答え」＝「筆者の主張」

意味段落Ⅲ「『意思決定のプロセス』の特徴を整理する」

ルール3 キーワードの説明 プロセス⑴

10 （まず、意思決定のプロセスを考える。**第一に検討するべきことは、対象とする意思決定の特徴である。**（その意思決定は、意思決定をしている人にとって重要なことと意識されているものなのか、それとも本人がほとんど無意識に行っているものなのか）を検討すべきだ。ある行動が本人にとって望ましくないもので、本人も改善したいと思っているとしよう。このとき、本人にとってそれが重要な意思決定で、よく考えられた上で行われる場合を考える。《 a 》

ルール25 分類

11 （本人の行動が望ましいものでないとすれば、その意思決定の重要性を本人が理解しているのに、なんらかのバイアスによって望ましくない意思決定をしているかもしれない。あるいは、正しい意思決定をしていて、本人はその意思決定と [I] な行動をしたいと思っているのに、実際の行動が意図したものと異なっているということになる。一方、望ましくない行動が、あまり考えずに意思決定がされていることによって引き起こされているのであれば、本人に問題の重要性を気づかせることが第一歩になる。）《 b 》

分類

12 つぎに、その意思決定が行われるのはどのようなタイミングであるかを考える。そして、（意思決定そのものを、本人が能動的に行っているのか、受動的で自動的に行っているのか）ということも考える必要がある。

13 意思決定をする際には、何種類の選択肢があるのだろうか。[II] な意思表示をしないで

ルール3 読解 「キーワード」の「詳しい説明」に注意する！

論理的文章においては、まずある「キーワード」が示されて、その後に「詳しい説明」がくる場合があります。キーワードは複数ある場合もあるので、どの部分がどの「キーワード」の説明になっているのか注意しながら読んでいきましょう。

ルール25 読解 「分類」に注意して内容を整理する！

論理的文章では様々な言葉や事柄を「グループ」に分けて整理しながら説明することがあります。「グループ分け」＝「分類」を読み取るには次の言葉に注意すると良いでしょう。

「分類」を表す表現

①「差異」のフレーム

- □AはXであるのに対し、BはYである。
- □一方では、AはXである。他方では、BはYである。

も選択したことになるデフォルトの選択肢は存在しているのだろうか。本人が選択したことに対し結果をフィードバックすることは可能だろうか。（その行動をするインセンティブは金銭的なものだろうか、それとも非金銭的なものだろうか。）（望ましい行動ができないのは、金銭的コストがかかっているからだろうか。それとも心理的コストがかかっているからなのだろうか。）

14 そのつぎに検討すべきことは、意思決定をする人がどのような情報を手にしているかを考えることだ。どのような知識や助言があれば、意思決定ができるのだろうか。本人には、どのような情報や知識が与えられているのだろうか。（それは、文書情報なのか、視覚情報なのか、それとも口頭で与えられた情報なのか。）どのような順番で情報が与えられているのだろうか。

15 さらに、意思決定をする人の心理的状況はどうだろうか。（よい意思決定をした場合、その利得はすぐにやってくるのか、それとも遅れてやってくるのか。）もし遅れてやってくる場合には、現在バイアスで先送りしてしまう可能性が高くなり、よい行動や習慣を学習して自然に身に付けるチャンスが少なくなる。

16 意思決定は、本人が感情的になっているときになされることが多いのだろうか。（例えば、医療における意思決定の多くは本人が感情的になっているときに行われることが多い。子どもが生まれた際や親が死亡した際に行う意思決定は、それぞれ異なる感情のもとで行われる。）

17 （意思決定の中には、それほどエネルギーを使わなくてもよいものもあれば、強い意思力や自制心を必要とするものもある。）仮に、意思力が強くないとよい意思決定ができないにもかかわ

②「否定」のフレーム
□AではなくB。
□Aではない。B。

③「選択」のフレーム
□AまたはB。
□Aか、またはBか。

④「類似」のフレーム
□AはXである。Bも（また）Xである。
□AとBはともにXである。
□Aと同様にBも（また）Xである。
□AとBはXという点で同じである。

らず、意思力や自制心が弱っている際に意思決定をしてしまうということがあれば、よい意思決定ができないだろう。《 c 》

18 意思決定が行われる環境についても考える必要がある。（その意思決定は、本人一人で行われるタイプのものか、それとも他の人が見ているような状況で行われるものなのだろうか。）（メディアでの報道や専門家の意見によって意思決定が影響される可能性があるのだろうか。それとも、意思決定は周囲の人の行動に影響されるタイプなのか。）意思決定が本人の自発的な申し込みを必要とするようなものだった場合に、本人に申し込みさせること自体に困難がないだろうか。）【このように意思決定の特徴を整理していくのである。】《 d 》

意味段落Ⅳ 「『ナッジの設計』に関する重要なこと」

B プロセス②

19 ナッジの設計において一番重要なのは、（本人自身が自分の行動変容を強く願っているのか、それとも、本人があまり気にしていなかったことを気づかせて行動変容を起こさせるのか）、どちらのパターンなのかを見極めることである（表2―1）。

20 もし、前者であれば、現在バイアスや自制心の不足が原因となる場合が多い。【つまり、もともと理想の行動と現実の行動の間にギャップがあるところに原因がある場合である。】この場合には、行動変容を起こしたい相手に対し、コミットメント手段を提供したり、自制心を高めたりするようなナッジが有効になる。

ルール17 読解 「まとめ」は「筆者の主張の要点」と考える！

「まとめ」に注意して読むと、筆者の主張の要点をとらえることができます。本文を読むときには「まとめ」の表現に印を付けておきましょう。

「まとめ」の表現

① まとめの指示語
□このような □こうした □こういう □そのような □そうした □そういう

② 要約の接続表現
□つまり □つまるところ □要するに □結局 □畢竟（ひっきょう）

21 もともと理想的な行動をとりたいと本人が望んでいたなら、コミットメント手段を提供するだけで、彼らはその手段を選ぶようになるはずだ。〔ルール34 具体例〕（貯蓄を増やしたいということであれば、給与からの天引き貯金制度やクレジットカードの上限額設定の選択肢を提供することがこのタイプのナッジである。体重を減らすために、毎日運動することをコミットし、運動しない日があれば1日あたりいくらかのお金を支払うというコミットメントは、運動によって体重を減らしたいという人には、とても有効なナッジである。しかし、このコミットメント手段は、本人が特に望んでいない行動を健康のために促進するという場合には、使うことはできない。）《 e 》

22 **また**、〔分類〕（行動変容を意識的に行わせる**の****か**、無意識的に行わせる**の****か**）によってもナッジの作成方針は変わってくる。本人自身が行動変容を起こしたいと思っていても、コミットメント手段を新たに取ること自体も現状維持バイアスのために難しいというのであれば、デフォルト設定を変更することが有効になる。本人が［ ＝ ］な意思表示をしない場合は、コミットメント手段を利用することに同意したとみなして、それを利用したくなければ簡単に利用を中断することができるようにすればいい。

〔ルール34 具体例〕
23 （**代表的な例に**、臓器提供の意思表示がある。日本人の41.9%の人たちは、「脳死と判定されれば、（どちらかと言うと）臓器を提供したい」と考えている（2017年「臓器移植に関する世論調査」内閣府）。それにもかかわらず、実際に提供意思を記入している人の割合は、「提供しない」がデフォルトで、提供したい場合に意思表示をする必要がある日本のような国々では10%前後と低くなっている。逆に「提供する」がデフォルトになっているフランスのような

ルール34 読解
「具体例」が長い場合には、はじめと終わりに（ ）を付けて読み飛ばす！

近年頻出の超長文の問題文で読む時間が足りなくなった場合や、「具体例」の中身が難解な場合には、「具体例」に（ ）を付けて筆者の主張だけとらえたらさっと読み飛ばす方法もあるので、覚えておきましょう。

国々では100％に迫る水準である。】

24【一方、 III な行動を活性化したいという場合には、人々がもともと気にしていない行動について変容させる必要がある。もともと人々はそのような行動を意識していないため、自分から望んで、その行動を変えるためのナッジを設定することはない。この場合、政府などの外的な主体がナッジを設定する必要があり、それが有効だと考えられている。】

25【一方で、人々の意識を喚起するような手法として、損失回避を使ったり、社会規範に訴えたりといったナッジによる情報提供がある。また、人々に無意識のまま行動を変容させる手法もある。】【ゴミの不法投棄を減らしたい場合、「ゴミの不法投棄をやめましょう！」という標識を設置することは、外的強制を使った意識的なナッジである。道路にゴミ箱まで足跡の絵を描くことでゴミ箱への移動を誘発したり、不法投棄が多い場所にお地蔵さんや鳥居を設置することで神聖な場所にゴミを捨てないようにさせたりするのは無意識的なナッジである。

26「ゴミの不法投棄をやめましょう！」や「喫煙場所以外での喫煙は条例違反です」というような意識的なナッジは、既にそれを知った上で違法行為をしている人にはあまり効果がないかも知れない。また、そのような標識そのものに注意を向けない可能性もある。その場合には、ゴミ箱までの足跡や喫煙場所までの矢印を地面に描いておく方が、人は無意識にそれに従う傾向がある。】

27【ナッジを選ぶためには、上述のように意思決定の状況を分析して、どのような行動経済学的なボトルネックがあるのかを分析する必要がある。】

本文要約

「ナッジ」とは、行動経済学的手段を用いて、選択の自由を確保しながら、金銭的なインセンティブを用いないで、人々がよりよい行動をするように誘導することである。課題となっている問題の背景を行動経済学的に考えて、ナッジを考案し、テストするというプロセスで設計される。意思決定のプロセスの特徴を整理して、どのような行動経済学的なボトルネックがあるのかを分析した上で、適切なナッジを選択する。

重要語句

- □12コスト＝費用
- □26バイアス＝偏り、偏見
- □31プロセス＝作業の手順や過程
- □31フロー＝流れ。特に作業の工程
- □61フィードバック＝反応を返すこと
- □80メディア＝情報伝達の媒体

読解マップ

意味段落Ⅰ　「『ナッジ』とは何か」（1～6）

「ナッジ」とは

＝行動経済学的手段を用いて、選択の自由を確保しながら、金銭的なインセンティブを用いないで、行動変容を引き起こすことである

＝行動経済学的知見を使うことで人々の行動をよりよいものにするように誘導するものである

←

うまくナッジを設計することができれば、私たち自身の意思決定はよりよいものになる

意味段落Ⅱ　「『ナッジ』の設計プロセス」（7～9）

「ナッジ」の設計プロセス

(1)意思決定のプロセスを理解し、それにかかわる行動経済学的なバイアスとその影響を推測する

(2)それに対応したナッジの候補を選び、技術的な制約の中で実施可能なものを決める

(3)その際に、意思決定の上位にかかわるナッジを優先し、効果を検証する

意味段落Ⅲ　「『意思決定のプロセス』の特徴を整理する」（10～18）

「意思決定」の特徴

・意識的か、無意識的か　・どのようなタイミングか

・能動的か、受動的か　・どのような情報が与えられているか

・利得がすぐにやってくるか、遅れてやってくるか

・感情的になっているときに行われるか

・意思決定が行われる環境はどうか　など

意味段落Ⅳ　「『ナッジの設計』に関する重要なこと」（19～27）

「ナッジの設計」

・本人自身が自分の行動変容を強く願っている

↓コミットメント手段を提供したり、自制心を高めたりするようなナッジが有効

・本人があまり気にしていなかったことを気づかせて行動変容を起こさせる

↓政府などの外的な主体が設定したナッジが有効

←

ナッジを選ぶためには、意思決定の状況を分析して、どのような行動経済学的なボトルネックがあるのかを分析する必要がある

設問解説

現代文では同じ「文章」が出題されることはありませんが、同じ「設問」は必ず出題されます。出題されるとわかっているのですから、その「設問」に対する一定のアプローチ法を学ぶことにはとても重要な意義があります。

問1 空所補充問題 難易度★

≫ルール44 解法 空所補充問題は「解答へのステップ」で解く！

空所補充問題の解答へのステップ

ステップ1 空所を含む一文を分析する

空所を含む一文の「主語（部）」や「指示語」、「接続表現」などを押さえます。

ステップ2 解答の根拠をとらえる

ステップ1で分析した内容を手がかりに本文を読み取ります。「主語（部）」について説明している部分や、「指示語」の指示対象、「接続表現」でつながっている部分を確かめましょう。それらを根拠として空所に入る内容を判断することができます。

ステップ3 解答を決定する

ステップ2でとらえた根拠をもとに解答を決めます。

ステップ1 空所を含む一文を分析する（Ⅰ）

11 ……あるいは、正しい意思決定をしていて、本人はその意思決定と Ⅰ な行動をしたいと思っているのに、実際の行動が意図したものと異なっているということになる。

「のに」という逆接の表現が使われているとわかります。

ステップ2 解答の根拠をとらえる（Ⅰ）

逆接の「のに」があるので、前後の「本人はその意思決定と Ⅰ な行動をしたいと思っている」と「実際の行動が意図したものと異なっている」は反対の内容だとわかります。つまり、空所には「異なっている」と反対の言葉が入ります。

Ⅰ ＝「異なっている」と反対の言葉

ステップ3 解答を決定する（Ⅰ）

以上より、解答は②「整合的」となります。「整合的」は「合っている」という意味で「意思決定と合っている」が「意図したものと異なっている」と反対の内容になります。

ステップ1 空所を含む一文を分析する（Ⅱ）

13 ……〈 Ⅱ な意思表示をしないでも選択したことになるデ

22 ……本人が［ Ⅱ ］な意思表示をしない場合は、コミットメント手段を利用することに同意したとみなして、それを利用したくなければ簡単に利用を中断することができるようにすればいい。

二か所とも「［ Ⅱ ］な意思表示」というように「意思表示」を修飾しているとわかります。

ステップ2 解答の根拠をとらえる（Ⅱ）

23 段落の「臓器提供の意思表示」の具体例を見ると、「記入しない」、つまり意思表示をしないことがデフォルトであり、「意思を記入している」が「［ Ⅱ ］な意思表示」であるとわかります。

「［ Ⅱ ］な意思表示」＝「意思を記入している」

ステップ3 解答を決定する（Ⅱ）

以上より、解答は⑧「明示的」となります。「明示」は「明らかに示す」という意味です。「記入」していると意思を「明らかに示した」ことになります。

ステップ1 空所を含む一文を分析する（Ⅲ）

24 一方、［ Ⅲ ］な行動を活性化したいという場合には、C 人々がもともと気にしていない行動について変容させる必要がある。

［ Ⅲ ］が「行動」を修飾しているとわかります。

ステップ2 解答の根拠をとらえる（Ⅲ）

21 段落を確認すると「もともと理想的な行動をとりたいと本人が望んでいたなら、コミットメント手段を提供するだけで、彼らはその手段を選ぶようになるはずだ」とあり、「ナッジ」によってもたらされる行動変容とは、ある行動が「理想的な行動」に変容することだとわかります。

「［ Ⅲ ］な行動を活性化したい」＝「理想的な行動をとらせたい」

ステップ3 解答を決定する（Ⅲ）

以上より、解答は④「理想的あるいは規範的」となります。

問2 脱文補充問題 難易度★

≫ルール45 解法
脱文補充問題は「解答へのステップ」で解く！

脱文補充問題の解答へのステップ

ステップ1 脱文を分析する

脱文の中にある「つながりを示す表現」＝「指示語」と「接続表現」に注目します。「主語（部）」も押さえておきましょう。

ステップ2 前後の文とのつながりを確認する

脱文補充問題では脱文が入る箇所の候補が複数示されること

が多いので、それぞれの箇所の前後が脱文とつながる内容かどうか確認します。

ステップ3 解答の根拠をとらえる

ステップ1・ステップ2をもとに、自然なつながりになる箇所を考えます。

ステップ4 解答を決定する

ステップ3でとらえた根拠をもとに解答を決めます。

ステップ1 脱文を分析する

あるいは、〈無意識に訴えかけるようなナッジが〉有効かもしれない。

主部は「無意識に訴えかけるようなナッジが」となっているとわかります。また選択の接続表現「あるいは」で前の文とつながっているので、前に「無意識に訴えかけるようなナッジ」が有効となるような問題についての他の方法の記述があるだろうと考えて、空所を検討しましょう。

ステップ2 前後の文とのつながりを確認する

《a》の前は「本人にとってそれが重要な意思決定で、よく考えられた上で行われる場合」とあるので、「無意識」とは反対の内容になっているとわかります。

《b》の前は「望ましくない行動が、あまり考えずに意思決定がされていることによって引き起こされている」とあるので、「無意識」という内容になっているとわかります。また、「本人に問題の重要性を気づかせる」と脱文の「無意識に訴えかける」は「あるいは」でつなぐことができます。

《c》の前は「意思力や自制心が弱っている際に意思決定をしてしまうということがあれば、よい意思決定ができない」とあるので、「無意識に訴えかけるようなナッジが有効」でないことがわかります。

《d》の前は「意思決定の特徴」に関するまとめの文になっているので、ある「ナッジ」に関する説明である脱文は入らないとわかります。

《e》の前は「このコミットメント手段は、本人が特に望んでいない行動を健康のために促進するという場合には、使うことはできない」とあるので、脱文の「有効なナッジ」と「あるいは」でつなぐことができません。

ステップ3 解答の根拠をとらえる

「望ましくない行動が、あまり考えずに意思決定がされていることによって引き起こされている」

↓

ナッジ⑴「本人に問題の重要性を気づかせる」

あるいは

ナッジ⑵「無意識に訴えかける」

ステップ4 解答を決定する

以上より、解答は②―《b》となります。

問3 傍線部内容説明問題　難易度★★

≫ルール41 解法 傍線部内容説明問題は「解答へのステップ」で解く！

傍線部内容説明問題の解答へのステップ

ステップ1 傍線部を含む一文を分析する

「主語（部）」や「接続表現」、傍線部の中にある「わかりにくい表現」＝「指示語」「比喩表現」「個人言語」（※）を押さえます。

ステップ2 解答の根拠をとらえる

ステップ1で押さえた「わかりにくい表現」の説明になっている部分を探します。

ステップ3 解答を決定する

ステップ2でとらえた根拠をもとに解答を決めます。

（※）「個人言語」…筆者などが辞書的な意味とは異なる特殊な意味で用いている言葉。

ステップ1 傍線部を含む一文を分析する

7 ……〈[どれも]〉基本的に[同じような]構造でなりたっている。（A）

「どれも」が主語になっています。そして「同じような」という「類似」のフレームが使われています。「どれも」が何を指しているのか、「同じような構造」とは何なのかを求めましょう。

≫ルール10 読解 「類似」に注目する！

二つ以上のものの似ている点を指摘するのが「類似」という形です。違いを説明する「差異」と、ちょうど反対の関係になります。「類似」のフレームを覚えておくととらえやすくなります。AとBの二つの事柄の共通点であるXを説明する形になっているので要素を整理しながら読みましょう。

「類似」のフレーム

- □AはXである。Bも（また）Xである。
- □AとBはともにXである。
- □Aと同様にBも（また）Xである。
- □AとBはXという点で同じである。

ステップ2 解答の根拠をとらえる

7段落に「ＯＥＣＤ」「行動洞察チーム」、8段落に「ideas42という組織」の提案するプロセスが説明され、それを「基本的には……テストするというプロセスである」とまとめている文があります。この部分をもとにして解答を選びましょう。

「OECD」「行動洞察チーム」「ideas42」に共通するプロセス
(1)課題となっている問題の背景を行動経済学的に考える
(2)ナッジを考案する
(3)テストする

ステップ3 解答を決定する

以上より、解答は⑤「問題の背景を行動経済学的に解析してナッジを考案・テストし、実施していくという構造」となります。(1)→(2)→(3)というプロセスを表しているのはこの選択肢です。

〈その他の選択肢〉

① 問題を分析し行動に直接的に介入した後、結果を計測して、ナッジの戦略をたてるという構造
　(3)→(2)という順番になっている

② ナッジの戦略を立ててから、人間の行動を分析し、政策として実行に移すという構造
　(2)→(1)という順番になっている　**本文にない**

③ 人間の行動を観察し方策上の問題点を洗い出し、それを修正したナッジを立てていくという構造
　(3)「テストする」というプロセスがない

④ 事前に望ましいナッジを策定し、問題を分析した上で、改善を促していくという構造
　(2)→(1)という順番になっている　**本文にない**

問4 分類問題 難易度★★

傍線部の内容をふまえて、表の空所を埋める分類問題です。傍線部の内容把握が重要な作業となりますので、傍線部内容説明問題と同じ「解答へのステップ」で解きましょう。

ステップ1 傍線部を含む一文を分析する

19 〈B ナッジの設計において一番重要なのは、〉本人自身が自分の行動変容を強く願っているの[か]、それとも、本人があまり気にしていなかったことを気づかせて行動変容を起こさせるの[か]、どちらのパターンなのかを見極めることである（表2―1）。

主部は「ナッジの設計において一番重要なのは」となっています。また、「Aか、それともBか」という分類（選択）のフレームが使われていることがわかります。

ステップ2 解答の根拠をとらえる

表2－1　目的別のナッジの種類

	自制心		望ましい行為
	内的活性化	外的活性化	外的活性化
意識的	飲酒運転を避けるために送迎サービスを事前に予約	ii	税制を簡素化し、納税促進 ゴミの投棄をしないように標識を設置
無意識的	iii	不健康な食品を手の届きにくいところに陳列	多くの人がリサイクル活動をしていると広報 i

表の中の空所がそれぞれどこに位置しているのかを確認しましょう。[i]は「無意識的」かつ「望ましい行為」かつ「外的活性化」に位置しています。[ii]は「意識的」かつ「自制心」かつ「外的活性化」に位置しています。[iii]は「無意識的」かつ「自制心」かつ「内的活性化」に位置しています。

[i]＝「無意識的」かつ「望ましい行為」かつ「外的活性化」

[ii]＝「意識的」かつ「自制心」かつ「外的活性化」

[iii]＝「無意識的」かつ「自制心」かつ「内的活性化」

ステップ3 解答を決定する

以上より、解答は[i]＝④「スピード抑制のために錯視を利用した段差を表示」、[ii]＝③「自動車の省エネ運転を促進するために燃費計をダッシュボードに設置」、[iii]＝①「お金を別勘定に入れて無駄遣いを防止」となります。

それぞれの選択肢の分類を見てみましょう。

①は「別勘定」＝「無意識的」、「無駄遣いを防止」＝「自制心」、「（自分で）お金を別勘定に入れる」＝「内的活性化」です。

②「ゲーム機を入学試験の終了まで自分で鍵付きの箱に収納」は「意識的」かつ「自制心」かつ「内的活性化」となります。

③は「燃費計」＝「意識的」、「自動車の省エネ運転」＝「自制心」、「燃費計をダッシュボードに設置」＝「外的活性化」です。

④は「錯視」＝「無意識的」、「スピード抑制」＝「望ましい行為」、「段差」＝「外的活性化」です。

問5 具体例を挙げる問題 難易度★★

ルール42 解法
具体例を挙げる問題は「解答へのステップ」で解く！

具体例を挙げる問題の解答へのステップ

ステップ1 傍線部を含む一文を分析する

「主語（部）」や「接続表現」、傍線部の中にある「わかりにくい表現」＝「指示語」「比喩表現」「個人言語」を押さえます。

ステップ2 解答の根拠をとらえる

ステップ1で押さえた「主語（部）」などを手がかりに、傍線部の具体例が書かれている部分を探します。具体例がない場合は、「わかりにくい表現」の説明になっている部分を探し、その説明に当てはまる具体例を考えます。

ステップ3 解答を決定する

ステップ2でとらえた根拠をもとに解答を決めます。

ステップ1 傍線部を含む一文を分析する

24 [一方]、[III]な行動を活性化したいという場合には、C 人々がもともと気にしていない行動について変容させる[必要]がある。

問1で［III］は「理想的あるいは規範的」とわかっているので、傍線部は望ましい行動をとらせるためのもの、と押さえた上で、まずはこの傍線部の説明を求めましょう。

ステップ2 解答の根拠をとらえる

傍線部の後を読むと「人々がもともと気にしていない行動について変容させる」場合は「政府などの外的な主体がナッジを設定する」のが有効とあります。この部分を根拠にして解答を選びましょう。

また、[3]段落の「ナッジ」の定義「選択の自由を確保しながら、金銭的なインセンティブを用いないで、行動変容を引き起こすこと」も確認しておきましょう。

「理想的あるいは規範的」な行動をとらせるために「人々がもともと気にしていない行動について変容させる」

↓

「政府などの外的な主体がナッジを設定する」のが有効

ステップ3 解答を決定する

以上より、解答は③「込み合った電車内ではドア付近に立つ人が多く乗降しにくいので、その付近の床とドアに黄色でゼブラマーク（筋状のペイント）を施す」となります。「込み合った電車内で」「ドア付近に立つ」が「人々がもともと気にしていない行動」となります。「その付近の床とドアに黄色でゼブラマーク（筋状のペイント）を施す」が「外的な主体がナッジを設定する」となります。

〈その他の選択肢〉

① 駅利用者の歩行スピードが遅いので、音楽を流して歩速を早め、より多くの乗客を短時間でさばき、単位時間あたりの収益の向上を目指す
（**企業の利益（私利）が目的**）

② 同居人の寝言が声も大きく煩わしいので、本人が寝ている間にそれをレコーダーに録音し、翌朝本人が目覚めたときにそれを聞かせる
（**行動変容を引き起こせない**）

④ 本人だけは気に入っている変わったデザインの服がどう見ても似合っておらずかわいそうなので、匿名の手紙でそっとその旨を伝える
（**行動ではない**）

⑤ スーパーマーケットで購入した魚や肉のトレーを店内で捨てられると廃棄費用がかさむので、店での使用済みトレーの回収を有料にする
（**経済的なインセンティブ**）

問6 傍線部内容説明問題 難易度★★

≫ルール41 →21ページ

ステップ1 傍線部を含む一文を分析する

[27] D［ナッジ］を選ぶためには、上述のように意思決定の状況を分析して、どのような行動経済学的な［ボトルネック］があるのかを分析する必要がある。

「上述のように」は「ここまで述べてきたように」の意味なので、本文全体から「ナッジ」と「ボトルネック」に関する説明を求めましょう。

ステップ2　解答の根拠をとらえる

3 行動経済学的手段を用いて、選択の自由を確保しながら、金銭的なインセンティブを用いないで、行動変容を引き起こすことがナッジである。

(注) ＊7 ボトルネック……物事の進行や達成の妨害となる存在。

「ボトルネック」は注から「物事の進行や達成の妨害となる存在」だとわかります。どのような「ボトルネック」があるのかを分析した上で、行動変容のために設定するのが 3 段落で述べられている「ナッジ」です。

「ナッジ」
＝行動経済学的手段を用いて、選択の自由を確保しながら、金銭的なインセンティブを用いないで、行動変容を引き起こすこと

「ボトルネック」
＝物事の進行や達成の妨害となる存在

ステップ3　解答を決定する

以上より、解答は②「なすべき行動を理解しその意思・意欲ともに明確な人には、取るべき行動の規定値を設定したり変更したりする」となります。「適当でないもの」を選ぶことに注意しましょう。「なすべき行動を理解しその意思・意欲ともに明確な人」には「ボトルネック」がないので、「ナッジ」と「ボトルネック」の説明として適当ではありません。

〈その他の選択肢〉

① 自分の行動の問題点を知っているのにそれが変容できない人（ボトルネック）に対し、現実の行動に制約をかける手段（ナッジ）を提示する

③ 自分の行為が望ましくないと知った上でその行為をしている人（ボトルネック）が、無意識に行動を変容するような施策（ナッジ）を行う

④ すべきでない行動を改めたいと思いながら無意識に行っている人（ボトルネック）に対し、その意思決定の問題点を認識させる（ナッジ）

⑤ 物事の決定や実行を先送りしがちな人（ボトルネック）に、行動変容の良好な結果をできるだけ早く本人が実感できるようにする（ナッジ）

Lesson 2

解答・解説

▼問題 別冊17ページ

このレッスンで出てくるルール

ルール1 読解 「は」で強調されている「主題」に注目する！

ルール16 読解 「具体例」前後の「筆者の主張」を見抜く！

ルール17 読解 「まとめ」は「筆者の主張の要点」と考える！

ルール4 読解 「対立関係」を整理して「主張」や「重要な情報」をとらえる！ ⇒問4

ルール10 読解 「類似」に注目する！ ⇒問1

ルール43 解法 傍線部理由説明問題は「解答へのステップ」で解く！ ⇒問4

ルール47 解法 内容真偽問題は「解答へのステップ」で解く！ ⇒問6

解答

問1 自己実現　問2 苦しみや恐　問3 ⑤　問4 ②

問5 るでしょう　問6 ①

本文解説

出典：齋藤孝（さいとうたかし）『潜在能力を引き出す「一瞬」をつかむ力』

意味段落Ⅰ　「『通過儀礼』とは、苦難を乗り越えることで成長するための儀式である」

ルール1 主題／ルール16 具体例

1 〈通過儀礼とは〉、フランスの文化人類学者ファン・ヘネップが述べた概念で、子どもから大人になるために、（たとえば火の海を歩くなどといった）、苦しみや恐怖などを経験する風習です。それを経験することではじめて、その共同体から成人として認められるわけです。

具体例

2 （スペインのアルタミラ洞窟の壁画も、そうした通過儀礼に使用された可能性があるそうです。当時、洞穴は真っ暗ですから、子どもがそのなかを歩いていくことは恐怖に違いありません。そうした恐怖のなかで、絵を通して狩猟を学び、大人たちと共に狩りに出られるようになるのです。）

対立関係／ルール16 具体例

3 かつては、このような通過儀礼を経て大人の仲間入りをすることがあたりまえでした。（日本にも元服という儀式があり、髷（まげ）を結ったり、名前を変えたりして大人の仲間入りをしたわけですが）、現代は、このような通過儀礼はあまり意識されなくなってしまいました。

ルール16 具体例

4 （日本では二〇歳（二〇二二年四月一日からは一八歳）になれば、法的に成人になりますし、成人式を行なう自治体もあります。しかし、それは身体に刻み込まれるようなものではありません。当然ですが、成人式で暴れることは通過儀礼とは呼べません。）

≫ルール1 読解　「は」で強調されている「主題」に注目する！

助詞の「は」は上にくる主題を周りから切り離し、「強調」「限定」したり、他の主題との「対立」を表したりします。「は」で強調されている主題がメインテーマとなることが多いので、注意しましょう。

また、「～とは」という形はキーワードを定義するときに用います。文章のメインテーマであったり、サブテーマであったりと様々ありますが、文章の中で重要な言葉についての説明があります。

5 （主張）【苦難を乗り越えることは、神話における英雄の条件でもあります。】〔たとえば、ギリシア神話のオデッセイは、旅のなかで数々の苦難を乗り越えた末に帰還します。〕困難を克服して、元の場所に戻ってくる。【つまり成長的循環です。】

6 負荷や苦難に対して、それを突き抜けた時に爆発的な喜びが起こり、自分という存在が以前とは別のものになる。それが成長なのです。

7 〔マズローは、教育においても「 a 」が最終的な目標であるとしています。それを助けるのが、教育者の役割です。そこで必要とされるものは、子どもの安全や所属、愛情などの欲求を満足させること、そして、学問の持つ美に気づかせることだと言います。〕

8 〈通過儀礼は〉、子どもたちを本当の危険にさらすわけではありません。共同体のなかに受け入れられるという安全を確保しながら、大人になるためのチャレンジを促し、自分にとって本当に必要なものは何かを気づかせてくれるものです。

9 （主張）【現代の教育や社会がその機能に欠けるとすれば、成長のためにこうした循環を自分で用意するということが、一つの方法となります。】

10 〔たとえば、すべきことを前もって周囲に宣言したり、他人に言わなくても自分の目標を明確化したりする。それを達成することで、自らを肯定できるようになり、自己実現への道筋が見えてきます。

11 b 、自分の実力ではまったく達成できないような目標ではいけません。自分が達成で

≫ルール16 読解 「具体例」前後の「筆者の主張」を見抜く！

→10ページ

≫ルール17 読解 「まとめ」は「筆者の主張の要点」と考える！

→14ページ

英雄の条件
＝
苦難を乗り越えること
←たとえば
具体例
ギリシア神話のオデッセイは、旅のなかで苦難を乗り越えて帰還する
←つまり
まとめ
成長的循環

きそうなギリギリのところで設定する。これは難しく、そして怖いことで、多くの人はあとで言い訳できるように、高すぎる目標を設定してしまうことがありますが、それでは意味がありません。】

意味段落Ⅱ 「『自己実現』ができているかの基準は、お金がもらえなくてもやりたいかである」

12 自己肯定感が高まると、仕事のうえでも自己実現に近づいていきます。そして、（主張）【仕事で自己実現できているかの判断基準の一つは、お金がもらえなくても、やりたいかだと思います。】

（ルール16 具体例）
13 【お笑い芸人さんのほとんどは、デビューしてからそれなりに稼げるようになるまで、相当な時間がかかります。その間は、アルバイトをしながら食いつないでいる人も多い。けれども、話を聞くと、舞台でお客さんに受けた時の喜びが大きいので、それが忘れられないと言います。

14 だから、（もちろん売れることを目指しているわけですが）現状は給料をもらえなくても、あるいは少なくても、その喜びのために芸をするし、いったん売れてブームが去ったとしてもやめられない。舞台に立つことそのものが、喜びなのです。

15 スポーツ選手でも（ルール10 類似）、全盛期を過ぎて年俸が落ちても、可能な限りプレーしたい、なんならプロ野球から独立リーグに移っても現役でいたい、と言う人がいます。こうした人はお金ではなく、プレーすること自体に価値を見出している。】

（ルール4 譲歩）
16 （もちろん、自分がこれだけの価値を生み出せるのだから、それ相応の対価をもらわないかぎ

ルール4 読解 「対立関係」（譲歩）を整理して「主張」や「重要な情報」をとらえる！

主張とは異なる意見を示した上で改めて主張するのが「譲歩」です。基本的な「譲歩」のフレームは左の通りですが、「確かに」「もちろん」などの表現がない「譲歩」のフレームが使われる場合もあります。「しかし」などの逆接の接続表現に注意して、「譲歩」を見抜き、「主張」をとらえましょう。

「譲歩」のフレーム

- □確かにA、しかしB。
- □もちろんA、しかしB。
- □なるほどA、しかしB。
- □無論A、しかしB。

りやらないという考え方もありますし、評価されなければ、しがみつかず潔く一線を退くという考え方もあるでしょう。】

17 ただ、お金のために魂を殺してしまうような仕事は苦しいのです。この一分をやり過ごせば終業時間だ、と思いながら毎日働くのはストレスが溜まります。いっぽう、お金などいらないからやらせてほしい、という気持ちは無敵ではないでしょうか。（ルール17 まとめ）【そういう人は、かなりの程度、自己実現に近づいていると言えます。】

（ルール37 補足）
18 【誤解しないでいただきたいのですが、これは滅私奉公をせよということでも、いわゆる「やりがい搾取」に甘んじよということでもありません。また、誰もが好きなことを仕事にできるわけではないでしょうし、仕事は大変なこともありますから、すべてを「やりたいこと」にするのは難しいと思います。】

»ルール37 読解 発展
筆者の主張と異なる「補足」に注意する！

論理的文章の筆者は、文章に客観性を持たせるために、あえて筆者の主張とは異なる方向性の情報を補足するときがあります。これはあくまで「筆者の主張」とは異なるものだと意識して読みましょう。

本文要約

通過儀礼とは、子どもから大人になるために、苦しみや恐怖などを経験する風習のことだ。通過儀礼により、負荷や苦難に対して、それを突き抜けた時に自己肯定感が高まり、以前とは違う自分が実現する。この通過儀礼は、自ら目標を設定して達成することでもよい。自己肯定感が高まると仕事においても自己実現できる。自己実現できているかどうかの基準は、お金をもらえなくてもやりたい仕事ができているかどうかである。

重要語句

□1 通過儀礼（つうかぎれい）＝人生の大きな節目に行われる儀礼。イニシエーション

□16 循環（じゅんかん）＝ひとまわりして元の場所に帰ることを繰り返すこと

□52 滅私奉公（めっしほうこう）＝私利私欲を捨てて、主人や公のために尽くすこと

□53 搾取（さくしゅ）＝資本家が労働者を必要以上に働かせ、その利益を得ること

読解マップ

意味段落Ⅰ 「『通過儀礼』とは、苦難を乗り越えることで成長するための儀式である」（1～11）

「通過儀礼」とは

＝子どもから大人になるために、苦しみや恐怖などを経験する風習

かつて

通過儀礼を経て大人の仲間入りをすることがあたりまえ

⇔ **対立関係**

現代

通過儀礼はあまり意識されなくなった

「通過儀礼」による「成長」

負荷や苦難に対して、それを突き抜けた時に爆発的な喜びが起こる

↓

自分という存在が以前とは別のものになる（成長、自己実現）

現代の教育や社会が機能しない場合

自ら目標を設定して達成する

↓

自己肯定感が高まり、自己実現ができる

意味段落Ⅱ 「『自己実現』ができているかの基準は、お金がもらえなくてもやりたいかである」（12～18）

自己肯定感が高まると、仕事のうえでも自己実現に近づく

仕事で自己実現できているかの判断基準の一つ

↓「お金がもらえなくても、やりたいか」

問1 空所補充問題　難易度★

ステップ1 空所を含む一文を分析する

≫ルール44→18ページ

6 負荷や苦難に対して、それを突き抜けた時に爆発的な喜びが起こり、自分という存在が以前とは別のものになる。〈それが〉成長なのです。

7 〈マズローは〉、教育においても（類似）「 a 」が最終的な目標であるとしています。それを助けるのが、教育者の役割です。そこで必要とされるものは、子どもの安全や所属、愛情などの欲求を満足させること、そして、学問の持つ美に気づかせることだと言います。

（中略）

9 現代の教育や社会がその機能に欠けるとすれば、成長のためにこうした循環を自分で用意するということが、一つの方法となります。

10 たとえば、すべきことを前もって周囲に宣言したり、他人に言わなくても自分の目標を明確化したりする。それを達成することで、自らを肯定できるようになり、自己実現への道筋が見えてきます。

「マズローは」が主語だとわかります。また、「も」という助詞が使われており、「類似」のフレームとなっています。

≫ルール10 読解「類似」に注目する！

→21ページ

「も」がある場合は前に同内容の部分があるはずなので、前に解答の根拠を求めましょう。

ステップ2 解答の根拠をとらえる

空所を含む一文の前は通過儀礼の説明で、通過儀礼のもたらすものが「成長」だとされています。「類似」に注目すると通過儀礼も教育も「成長」が最終的な目標であるということが読み取れます。ただし、今回は設問に「五字以内」という条件があります。この場合半分以下の二字の「成長」は解答の候補から外れます。ですので、同じように「自分という存在が以前とは別のものになる」という内容を五字以内で表している部分を探します。すると10段落に「それ（＝目標）を達成することで、自らを肯定できるようになり、自己実現への道筋が見えてきます」という部分があります。「目標達成」も「通過儀礼」や「教育」と同じ機能があることがわかりますので、この部分をもとにして解答を抜き出しましょう。

「通過儀礼」も「教育」も「目標達成」も
↓「成長」＝「自己実現」を最終的な目標とする

ステップ3 **解答を決定する**

以上より、解答は「自己実現」となります。「成長」では字数が少ないので、解答としないように気をつけてください。

問2 傍線部内容説明問題 難易度★

≫ルール41→21ページ

ステップ1 **傍線部を含む一文を分析する**

8 〈通過儀礼は〉、子どもたちを本当の危険にさらすわけではありません。〈通過儀礼は〉共同体のなかに受け入れられるという安全を確保しながら、大人になるためのチャレンジを促し、自分にとって本当に必要なものは何かを気づかせてくれるものです。

主語「通過儀礼は」が省略されているとわかります。「通過儀礼」の説明を求めましょう。

ステップ2 **解答の根拠をとらえる**

1段落に「子どもから大人になるために、たとえば火の海を歩くなどといった、苦しみや恐怖などを経験する風習です」と「通過儀礼」の定義が書かれています。この定義の「方法」の部分を解答しましょう。

「通過儀礼」とは

子どもから大人になるために（目的）
苦しみや恐怖などを経験する（方法）

ステップ3 **解答を決定する**

以上より、解答は「苦しみや恐怖などを経験する」の最初の五字「苦しみや恐」となります。「子どもから大人になるために」の部分は「目的」なので、ここは解答には含まれません。

問3 空所補充問題 難易度★★

≫ルール44→18ページ

ステップ1 **空所を含む一文を分析する**

10 （たとえば、すべきことを前もって周囲に宣言したり、他人に言わなくても自分の目標を明確化したりする。それを達成することで、自らを肯定できるようになり、自己実現への道筋が見えてきます。

11 [b]、自分の実力ではまったく達成できないような目標ではいけません。自分が達成できそうなギリギリのところで設定する。これは難しく、そして怖いことで、多くの人はあとで言い訳できるように、高すぎる目標を設定してしまうことがありますが、それでは意味がありません。）

空所は段落冒頭にあります。前の段落との関係性をとらえましょう。

ステップ2 **解答の根拠をとらえる**

10段落と11段落がセットで「具体例」となっています。空所を含む一文は、自分で明確化した「目標」についての当たり前の内容の確認だとわかります。

前の段落で説明した自分で明確化する「目標」についての当たり前の内容の確認

ステップ3 解答を決定する

以上より、解答は⑤「もちろん」となります。「もちろん」は当たり前だということを表す副詞です。

〈その他の選択肢〉

①「さらに」は前の内容に別の内容を加えることを表しますが、11段落は10段落と同じ「目標」についての説明です。

②「やはり」は予想通りであることを表しますが、前の段落では「予想」はありませんでした。

③「とくに」は前の内容の中でもある一部分を強調するときに用います。11段落は「当たり前の内容の確認」なので、誤りです。

④「はたして」は②の「やはり」と同じように予想通りであることを表すので誤りです。

問4 傍線部理由説明問題 難易度★★

ルール43 解法

傍線部理由説明問題は「解答へのステップ」で解く！

傍線部理由説明問題の解答へのステップ

ステップ1 傍線部を含む一文を分析する

「主語（部）」や「指示語」を押さえ、「前提（条件）」と「帰結（結論）」を確かめます。

ステップ2 解答の根拠をとらえる

ステップ1で押さえた「前提（条件）」と「帰結（結論）」の間の「飛躍」を埋めるため、「前提」の詳しい説明を探します。

ステップ3 解答を決定する

ステップ2でとらえた根拠をもとに解答を決めます。

傍線部理由説明問題とは「なぜか」の問題です。傍線部を含む一文に「前提（条件）」と「帰結（結論）」の「飛躍」があるので、「前提」の説明をすることによって、その「飛躍」を埋めるのがポイントです。

たとえば、「現代文を解くのは、簡単だ」という文は「現代文を解く（前提）」と「簡単だ（帰結）」の間に「飛躍」があります。そこで、「現代文を解く（前提）」を「現代文は文章に書いてあることをそのまま答えるだけで、解くことができる」と詳しく説明することによって「飛躍」を埋めることができます。

ステップ1 傍線部を含む一文を分析する

17 ただ、お金のために魂を殺してしまうような仕事は苦しいのです。この一分をやり過ごせば終業時間だ、と思いながら毎日働くのはストレスが溜まります。いっぽう、〈お金などいらないからやらせてほしい、という気持ちは〉B無敵ではないでしょうか。

主部は「お金などいらないからやらせてほしい、という気持ちは」となっています。その部分と「無敵」という部分の間に「飛躍」があります。「お金などいらないからやらせてほしい、という気持ち」の説明を求めましょう。

ステップ2 解答の根拠をとらえる

> ≫ルール4 読解
> **「対立関係」を整理して「主張」や「重要な情報」をとらえる!**
> → 9ページ

お金を否定している具体例13～15段落に注目しましょう。「お金などいらないからやらせてほしい」という人はお金ではなく、仕事自体に価値を見出しています。ですから、仕事が苦痛ではなくどれだけでも仕事ができるので、「無敵」なのです。一方、「お金のために魂を殺してしまうような仕事は苦しい」とあります。このことをふまえて、解答を選びましょう。

「お金などいらないからやらせてほしい」
＝お金ではなく、仕事自体に価値を見出している
＝仕事が苦痛ではなく、どれだけでもできる
↓
「無敵」

ステップ3 解答を決定する

以上より、解答は②「仕事自体に喜びを見出すことができるから。」となります。「仕事自体に価値を見出している」に近いのはこの選択肢です。

〈その他の選択肢〉

① 苦難を乗り越えることに意義があるから。 （本文に説明がない）

③ いくら苦痛を感じてもストレスが溜まらないから。 （仕事は「苦」ではない）

④ 成長できることが自分のためになると思えるから。 （「全盛期を過ぎて……現役でいたい」と矛盾）

⑤ お金のことは、考えなくてもいい立場であるから。 （本文に説明がない）

問5 脱文補充問題 難易度★★

≫ルール45 → 19ページ

ステップ1 脱文を分析する

それは否定しません。

「それ」という指示語があるので、前に指示対象があるはずです。また、「否定しません」というのは「譲歩」で用いられることが多い表現です。「譲歩」のフレームに即して、直後に「逆接」がくるところに入れましょう。

ステップ2 前後の文とのつながりを確認する

16 （譲歩 もちろん、自分がこれだけの価値を生み出せるのだから、それ相応の対価をもらわないかぎりやらないという考え方もありますし、評価されなければ、しがみつかず潔く一線を退くという考え方もあるでしょう。）

17 ただ、お金のために魂を殺してしまうような仕事は苦しいのです。この一分をやり過ごせば終業時間だ、と思いながら毎日働くのはストレスが溜まります。いっぽう、お金などいらないからやらせてほしい、という気持ちは B 無敵ではないでしょうか。そういう人は、かなりの程度、自己実現に近づいていると言えます。

16段落は「もちろん」で始まり、17段落の「ただ」へ続きます。「ただ」は逆説的な補足を表す接続表現なので、16～17段落は「譲歩」のフレームです。筆者の主張とは異なる考えの書かれた16段落の最後に脱文を補充しましょう。

そして、脱文の「それ」という指示語は「考え方」を指していると確認します。

ステップ3 解答の根拠をとらえる

「譲歩」 もちろん～、ただ～。

ステップ4 解答を決定する

以上より、解答は16段落最後の五字「るでしょう」となります。

問6 内容真偽問題

難易度★★

ルール47 解法 内容真偽問題は「解答へのステップ」で解く！

内容真偽問題の解答へのステップ

ステップ1 本文を通読し、意味段落分けをする

意味段落に分けることによって、選択肢吟味の際に選択肢に関連する部分とそのまとまりが見つかりやすくなります。

ステップ2 選択肢を分析する

「主語（部）」や「指示語」、「接続表現」などを押さえます。

ステップ3 解答の根拠をとらえる

ステップ2で分析した内容を手がかりに本文の対応する箇所

を探し、内容が一致しているか確かめます。

ステップ4 解答を決定する

ステップ3でとらえた根拠をもとに解答を決めます。

ステップ1 本文を通読し、意味段落分けをする

「**本文解説**」参照

ステップ2 選択肢を分析する（①）

①の選択肢の「お笑い芸人」については意味段落Ⅱに説明があったので、確認してみましょう。

ステップ3 解答の根拠をとらえる（①）

[13]～[14]段落には「仕事で自己実現できているかの判断基準の一つ」、「お金がもらえなくても、やりたい」ということの「具体例」として「お笑い芸人」が出ているので、①は本文と合致しています。

ステップ2 選択肢を分析する（②）

②の選択肢の「ギリシア神話の英雄」については意味段落Ⅰに説明があったので確認してみましょう。

ステップ3 解答の根拠をとらえる（②）

[5]段落に「苦難を乗り越えることは、神話における英雄の条件」とありました。つまり、英雄はみな苦難を乗り越え元の場所に戻ってくる「成長的循環」を果たしているということなので、②は本文と合致しません。

ステップ2 選択肢を分析する（③）

③の選択肢の「目標」については意味段落Ⅰに説明があったので、確認してみましょう。

ステップ3 解答の根拠をとらえる（③）

[11]段落に「自分の実力ではまったく達成できないような目標ではいけません」とありますが、「自己満足にすぎない」とは述べられていないので、③は本文と合致しません。

ステップ2 選択肢を分析する（④）

④の選択肢の「仕事」と「お金」については意味段落Ⅱに説明があったので、確認してみましょう。

ステップ3 解答の根拠をとらえる（④）

[12]段落に「仕事で自己実現できているかの判断基準の一つは、お金がもらえなくても、やりたいかだと思います」とあるので、「自己実現に近づいている」ことと「お金がもらえなくてもよい」という思いが関係していますが、「それが評価されれば」という条件が本文中にはありません。④は本文と合致しません。

ステップ2 選択肢を分析する（⑤）

①の選択肢の「現代の教育や社会」については意味段落…に説明があったので、確認してみましょう。

ステップ3 解答の根拠をとらえる（⑤）

9段落に「現代の教育や社会がその（＝通過儀礼の）機能に欠けるとすれば、成長のためにこうした循環（＝成長的循環）を自分で用意するということが、一つの方法となります」とあるので、現代でも「本当に必要なものが何か」を気づくことはできます。⑤は本文と合致しません。

ステップ4 解答を決定する

以上より、解答は①「多くのお笑い芸人は報酬より仕事そのものに価値があると考えている。」となります。

Lesson 3

解答・解説

▼問題 別冊 23ページ

このレッスンで出てくるルール

ルール22 読解 「引用」は「筆者の主張」とセットでとらえる！
ルール5 読解 「変化」は「何から」「何へ」の部分に注目する！
ルール17 読解 「まとめ」は「筆者の主張の要点」と考える！
ルール23 読解 「疑問文」の「答え」は「筆者の主張」と考える！
ルール14 読解 「主張」に伴う「根拠」を意識する！
ルール16 読解 「具体例」前後の「筆者の主張」を見抜く！
ルール34 読解 「具体例」が長い場合には、はじめと終わりに（ ）を付けて読み飛ばす！
ルール9 読解 「並列関係」は並べる事柄とその対応を整理する！
ルール52 解法 「指示語」は必ず「指示対象」を確認する！ ⇒問4
ルール53 解法 選択肢の検討では「文の構造」にも注意する！ ⇒問4
ルール4 読解 「対立関係」を整理して「主張」や「重要な情報」をとらえる！ ⇒問7

解答

問1 ③　問2 ④　問3 ④　問4 ①
問5 ③　問6 ③　問7 ②

出典：高階秀爾『西洋の眼　日本の眼』

意味段落Ⅰ　「『創造の美学』とは作品そのものに内在する性格によるもの」

1　「マスターピースとは何か」というきわめて直截な題名の講演の最後の部分において、ケネス・クラーク卿は、次のように結論を述べています。（マスターピースという言葉には、さまざまな意味がまとわりついているが、結局のところそれは、時代の精神を深く自己のものとして、個人的体験を普遍的なものと成し得た天才芸術家の作品のことである。）

2　【すなわちマスターピースとは、第一に天才芸術家の手になる芸術作品であり、第二にそれは芸術家自身の時代の表現でなければならず、そして第三に、それは普遍的価値を持つべきものであるということです。】ここで中心となる主役は、天才芸術家です。もちろん、その他にもいくつかの条件がある。価値判断が問題となっている以上、マスターピースが芸術作品としての質の高さを保持していなければならないことは明白です。技術的な巧妙さ、明晰な知的判断、優れたデザイン感覚などは、当然必要な前提条件だということです。また芸術家たちは時代の制約から逃れることは出来ず、どのような芸術家も、自己の時代の技術の可能性と芸術的ヴォキャブラリーの範囲のなかで制作しなければならないということも、また明らかです。（クラー

≫ルール22　読解　「引用」は「筆者の主張」とセットでとらえる！

筆者は主張を印象付けるために他者の文章を「引用」することがあります。「引用」の後にある「筆者の主張」とセットでとらえましょう。

また、「引用」は「筆者の主張」を裏付ける「根拠」や「具体例」だけでなく、筆者が「反論」しようとしている「反対意見」である場合があります。

△引用（根拠・具体例・反対意見など）

↓

◎筆者の主張

引用

ケネス・クラーク

「マスターピースとは何か」

↓

筆者の主張

「マスターピース」とは

(1)天才芸術家の手になる芸術作品

(2)芸術家自身の時代の表現

(3)普遍的価値を持つべきもの

ク卿は、マスターピースを生み出すのに適した時代とそうでない時代があるということを認めています。「もしある芸術家が、幸運にも数多くの偉大な絵画理念が生きている時代に生まれたとしたら、彼がマスターピースを生み出すチャンスはそれだけ大きい」とクラーク卿は言っています。「しかしながら、最終的には、マスターピースは芸術家自身の天才の創造に他ならない」と卿は断定しています。）

3 もともと「マスターピース」という言葉は、もっと正確に言うならその祖先にあたるドイツ語の「マイスターシュトゥック」という言葉は、中世の末期に登場して以来、必ずしも「天才」ではないにしても、少くとも高度に優れた技術を持った「芸術家」という意味をつねにそのなかに含んでいました。（そのなかにある「マスター」あるいは「マイスター」という語が示しているように、それは本来、若い見習い職人が「マスター」（親方）になるために提出しなければならない作品のことを言う言葉だったからです。その作品は、ギルド、すなわち同業者組合の審査会で審査され、そしてもしそれが、必要な水準の技量を充分に示していると判定されれば、作者はギルドへの加入が認められ、「マスター」として職業活動に従事することが出来るという仕組みでした。）したがって当初の意味では、候補者に期待されているものは、手業の技量、技術的能力でした。しかしその後、ルネッサンス期以降、「マスターピース」の基準は、職人的技能から芸術的な質の方へと次第に移行して行きます。（技術的腕前の確かさということは、むろんいつでも必要とされています。）しかしながら、ウォルター・カーンがそのきわ

≫ルール5 読解 「変化」は「何から」「何へ」の部分に注目する！

論理的文章でも文学的文章でも、ものごとの変化について述べられることが多くあります。このときに「AからBへ」というポイントがよく説明を求められるので、注意しておきましょう。また、「AからBへ」だけでなく「そして、BからCへ」と三段階の変化もあります。

「マスターピース」の意味の変化

中世の末期
手業の技量、技術的能力

↓

ルネッサンス期以降
より高い次元の芸術的達成

↓

十七世紀
卓越した作品の規範としての性格

めて充実した内容の研究書『マスターピース』のなかで指摘している通り、芸術家の創造力の方にいっそう大きな力点が置かれるようになるのです。その過程において、「マスターピース」という言葉は、建築、絵画、彫刻の領域において用いられるものとなり、単なる技能の巧拙よりも、より高い次元の芸術的達成を意味するようになったのです。

4 次の段階、すなわち十七世紀において、この言葉はさらに別の新しい特徴を加えることとなります。「卓越性」という概念が最も重要視されるようになり、卓越した作品は手本とすべき優れた範例と考えられた故に、それは規範としての性格を備えるようになったのです。そのことは特に、フランスのアカデミー世界において顕著でした。(ドクター・ジョンソンは、その『英語辞書』(一七五五年)において、「マスターピース」とは「優れた卓越性」を意味すると述べていますし、フランスのアカデミーの芸術理論の熱心な唱導者であったアンドレ・フェリビアンは、「メディチのヴィーナス」や「ラオコーン」や「ファルネーゼのヘラクレス」のような古代ギリシャ彫刻を、「マスターピース」であり優れた範例だと語っています。これらの彫像は、当時はきわめて高く評価され、数多くの石膏像や模刻像で複製されましたが、その事実は、それらが手本として高い権威を持っていたことを物語っています。)

5 この簡単な概観から、西欧の思想においては、「マスターピース」の観念は、本質的に、作品そのものに内在する性格に依拠するものであることが明らかであるように思われます。技術的な巧妙さ、表現力の強さ、美的特質などが「マスターピース」を判定する基準であり、もしある芸術家が、その創造活動の成果として、その作品にこれらの特性を附与するという困難な課題を達成し得たとすれば、その作品は「マスターピース」となって、普遍的称讃（しょうさん）を獲得することが出来るというわけです。とすれば、〔ルール17 まとめ〕【われわれは、このような〔指示語〕考え方を 4 「創造の美学」と呼ぶことが出来ましょう。】

意味段落Ⅱ 「『鑑賞の美学』とは仲間の芸術家や鑑識家の評価によるもの」

6 〔ルール23 問題提起〕では日本においては「マスターピース」の考え方はどのようなものなのでしょうか。

7 まずはじめに、言葉について若干の考察を試みることが必要であると思われます。〔根拠〕（というのは、日本語において「マスターピース」に正確に対応する言葉を見出すことは、必ずしも容易ではないからです。）〔譲歩〕（もちろん、辞書を引けばいくつかの答が出ている。そのなかで現在最も普通に用いられているのは「傑作」という言葉でしょう。）しかし〔主張〕【この言葉はわれわれの目的にはあまり有効ではありません。】〔ルール14 根拠〕（というのは、それは古い中国の文献にすでに登場して来ますが、それはもっぱら詩について、つまり文学作品に対して用いられているもので、少くとも日本では、美術作品についての文献では使われていないようだからです。）むしろ「名作」あるいは「名品」というのが有力な候補ですが、〔答え・主張〕【ここでは、それとほとんど同じような意味合いの 5 「名物」がわれわれにとって最も適当であるように思われます】。〔根拠〕（なぜなら、それは、広く一般に「卓越したもの」と認められている芸術作品を指示するのみならず、実際にどのような作品が

≫ルール17 読解 「まとめ」は「筆者の主張の要点」と考える！

→14ページ

西欧の「マスターピース」
＝作品そのものに内在する性格に依拠
＝「創造の美学」

≫ルール23 読解 「疑問文」の「答え」は「筆者の主張」と考える！

→11ページ

≫ルール14 読解 「主張」に伴う「根拠」を意識する！

筆者は「主張」する際、読者に納得してもらえるような「根拠」を挙げます。「根拠」を表す表現を押さえ、「主張」を支える「根拠」を読み取りましょう。

「根拠」を表す表現

①「帰結」の接続表現
□だから □したがって
□それゆえ □ゆえに □よって

それにあたるかを記載したリストないしは記録が「名物記」や「名物帖」といったかたちで数多く残されているからです。】さらには、その評価をも含めた批評、（例えばひとつだけ例を挙げるなら、十八世紀末に書かれた『古今名物類聚』全四巻のような文献もあります。）（これらの文献が主として茶の湯の世界にかぎられたものであることは事実です。）しかしながら「名物」という言葉の基本的意味は明らかであり、それは他の分野においても適用可能であり、実際にも用いられて来ました。少くとも十六世紀後半に日本にやって来た西欧人たちは、この言葉をそのような一般的な意味に解していました。（事実、通常『日葡辞書』という名で知られている一六〇三年刊の"*Vocabulario da lingua de Iapon com a declaçao em portgues*"は「名物」という語を取り上げて、「卓越したもの」(excellente coisa) という意味を与えています。）それ以外に、ある特定の領域での「卓越したもの」を表わす言葉は、いろいろある。（例えば絵画の分野では「名画」という言葉が中国でも日本でも古くから用いられていますし、武具に関しては「名刀」という言葉があります。）その分野というのは、人工物にかぎられるものではありません。自然の風物もまた同じような評価の対象となります。（実際、古い文献にはしばしば「名所」、「名山」、「名水」、さらには「名馬」といったような言い方が登場して来ます。また「巨匠」、「達人」を意味する「名人」という言葉もあります。）【これらの言葉は、すべて同じ一族のものと言えます。】（というのは、一見して明らかなように、それらはすべて漢字二字から成り立っており、その最初の漢字が「名」であるという共通性を持っているからです。）したがって、「名物」と

□そのため　□そこで
□こうして　□そして
＊「そして」は「帰結」以外の使い方もある。

②「理由」の接続表現
□なぜなら　□というのも

問題提起
日本においては「マスターピース」の考え方はどのようなものか
↓
答え（主張）
「名物」が適当である
—なぜなら

根拠
・名物は「卓越したもの」と認められる芸術作品を指示する
・名物とされる作品を記載した「名物記」「名物帖」が残されている

は、直訳すれば「名前を持った物」ということであり、（「名画」は「名前を持った絵画」、「名刀」は「名前を持った刀」等々ということになります。）この事実は「名前」というものが、何らかの価値評価の特性を持っているということを暗示しています。（と言えばおそらく、名前とは単に記号に過ぎないもので、ものの本質とか特性とは何の関係もないという反論がすぐに提起されるでありましょう。）

8 しかしながら【日本においては、名前は単なる名前ではない。】（例えば、その典型的な一例として、歌舞伎の世界における「襲名」という重要な儀式を挙げることが出来ます。それはある役者が、団十郎とか菊五郎といったような由緒ある名前を継ぐことですが、これらの名前には、それ以前に何世代にもわたってその名を名乗った人々の思い出がまつわりついており、それが一種の性格ないしは様式を形成するまでに至っているのです。つまりこれらの名前は単なる記号ではなく、ほとんどひとつの人格とも言えるもので、その尊ぶべき名前を新たに継ぐ者は、そのことによってそれまでとは違った存在となる、あるいは少くとも違った存在となるよう期待されます。彼は、同じ名前の多くの先人たちに捧げられたさまざまな称讃や感嘆のいわば貯蔵庫であるその名前にふさわしい存在となるよう努めなければならないのです。）（同様の過程は、有名な場所である「名所」についても観察することが出来ます。そしてこのことは日本の美的伝統においては特に重要です。「名所」は、もともとは「名ある所」（つまり逐語（ちくご）的には「ある名前を持った場所」、「よく知られた場所」）と呼ばれていました。ある特定の場所が有名にな

≫ルール16 読解 「具体例」前後の「筆者の主張」を見抜く！
→ 10ページ

主張
日本においては、名前は単なる名前ではない
↓例えば
具体例
・歌舞伎の「襲名」
・「名所」

≫ルール34 読解 「具体例」が長い場合には、はじめと終わりに（ ）を付けて読み飛ばす！
→ 15ページ

る理由はさまざまです。神道の信仰に基く自然崇拝によるものもあれば、桜の花が見事だとか、清冽(せいれつ)な河の流れが美しい等の自然の魅力による場合もある。いずれにしても、いったんある場所が精神的ないしは美的意義を附与されれば、多くの人々がそこを訪れて崇拝し、嘆賞し、歌を捧げ、絵画に描き出します。その結果、その場所は多くの記憶の集積を獲得することになります。つまり、長い歳月のあいだに、さまざまの豊かな記憶と結びつけられることによって、ある場所が「名所」の地位を得るわけです。この記憶の集積を慕ってやって来た歌人や画人たちは、そこで 6 先人たちと対話をかわし、過去の思い出とのつながりの上に自分たちの芸術世界を築き上げようとします。記憶は**また**、共通の遺産によって人々を結びつけるだけでなく、視覚芸術においても文学においても、芸術創造のきわめて特異な手法、遣(や)り方の発展を促しました。日本の芸術において、芸術的暗示や引用、あるいは確立されたイメージや約束事が特に重要な役割を演じるのはそのためです。詩歌においては、それは「本歌取り」や「見立て」などの方法にうかがうことが出来ますし、視覚芸術においては、名所を描く時に、画家は確立されたモチーフを必ず取り入れるように努めます。）先行する芸術家たちとの対話、あるいはその思い出に基く創造活動は、時にほとんど共同制作の趣きをすら見せることがあります。

ルール17 まとめ

9 【日本の美学的伝統においては、芸術家同士の**このような**相互交渉が創造活動における本質的な部分を形成しているということは、見逃すことの出来ない重要性を持っています。画家たちも歌人たちも、先人の芸術家たちと**ばかりではなく**（ルール9 並列関係）、しばしば同時代の仲間たちと絶えず対話

≫ルール9 読解 「並列関係」は並べる事柄とその対応を整理する！

似たような事柄や反対の事柄を並べて示す「並列」によって、説明が補強されていることがあります。まずは何と何が「並列関係」になっているのかをとらえましょう。

「並列関係」を表す表現

①「並列・累加・添加」の接続表現

□また　□かつ　□なお
□及び　□さらに　□しかも
□その上　□加えて

②「並列・累加・添加」のフレーム

□Aだけでなく／のみならずBも（また）。
□Aつつ／ながら／と同時に／とともにB。

日本の画家や歌人の創造活動
＝
先人の芸術家たちとの対話に基づく
── 並列関係（ばかりではなく）
同時代の仲間たちと対話を交わしていた

を交わしていました。】伝統的に、日本の多くの芸術形式は、実際の人間的交わりのなかから発生して来ました。ルール16 具体例【三十一文字の詩である和歌は、人間同士の社交的なさまざまの機会に交わされるのが習いであり、後には、歌合わせなど特にそのための集まりまで創られました。そのような集まりでは、そこに居合わせた人々によって鑑賞され、評価されなければ、歌として完成したものとは見做(みな)されませんでした。すなわち、仲間の歌人たちの存在と鑑賞が不可欠であり、もしある歌が広く皆の賛同を得て、高い水準の卓越性に達していると判定されれば、それは至高の芸術作品と認められ、やがてはマスターピース（名歌）となるわけです。】つまりその過程は、日本では西欧とちょうど逆です。主張【マスターピースが普遍的な承認をもたらすのではなく、むしろ仲間の芸術家や鑑識家の評価が、ある作品をマスターピースたらしめるのです。】これは西欧における「創造の美学」ルール4 差異 に対して、7「鑑賞の美学」と呼ぶことが出来るでしょう。

本文要約

西欧の「マスターピース」の観念は、天才芸術家の手になる芸術作品、芸術家自身の時代の表現、そして普遍的価値を持つべきものとなっている。このように作品そのものに内在する性格に依拠する考え方を「創造の美学」という。それに対し、日本の「マスターピース」にあたる「名物」は、芸術家同士の相互交渉が創造活動の本質的部分を形成している。このように仲間の芸術家や鑑識家の評価に依拠する考え方を「鑑賞の美学」という。

重要語句

- □ 4 普遍(ふへん)＝広く全てに当てはまること
- □ 37 規範(きはん)＝評価・行為などの基準になる手本
- □ 44 権威(けんい)＝人を従わせる威力

読解マップ

意味段落Ⅰ　「『創造の美学』とは作品そのものに内在する性格によるもの」（1〜5）

「マスターピース」とは

(1)天才芸術家の手になる芸術作品
(2)芸術家自身の時代の表現
(3)普遍的価値を持つべきもの

「マスターピース」の意味の変化

中世の末期
手業の技量、技術的能力が期待された

↓

ルネッサンス期以降
より高い次元の芸術的達成が求められた

↓

十七世紀
卓越した作品の規範としての性格を持った

西欧の「マスターピース」の観念＝「創造の美学」
作品そのものに内在する性格に依拠する

意味段落Ⅱ　「『鑑賞の美学』とは仲間の芸術家や鑑識家の評価によるもの」（6〜9）

日本の「マスターピース」

「マスターピース」に対応する言葉として「名物」が最も適当である

根拠
「名物」＝「卓越したもの」
「名〜」の例は多く、さまざまな分野で応用可能

↓

「名前」というものが、価値評価の特性を持つ

西欧の「創造の美学」
マスターピースが普遍的な承認をもたらす

⇔ **対立関係（差異）**

日本の「鑑賞の美学」
仲間の芸術家や鑑識家の評価が、作品をマスターピースたらしめる

問1 傍線部内容説明問題 難易度★

≫ルール41→21ページ

ステップ1 傍線部を含む一文を分析する

1 「マスターピース とは 何か」というきわめて直截な題名の講演の最後の部分において、〈ケネス・クラーク卿は〉、次のように結論を述べています。

引用 〈マスターピースという言葉には、さまざまな意味がまとわりついているが、結局のところそれは、時代の精神を深く自己のものとして、個人的体験を普遍的なものと成し得た天才芸術家の作品のことである。〉

「ケネス・クラーク卿は」が主語になっています。そして「次のように結論を述べています」とあることから、後ろに解答の根拠があるとわかります。

ステップ2 解答の根拠をとらえる

根拠となる「引用」の後の2段落に、さらに筆者の説明があります。そこには「第一に」「第二に」「第三に」として、「マスターピース」の条件が三点説明されているので、その部分をもとにして解答しましょう。

「マスターピース」

(1)天才芸術家の手になる芸術作品
(2)芸術家自身の時代の表現
(3)普遍的価値を持つべきもの

ステップ3 解答を決定する

以上より、解答は③「時代の技術と芸術的ヴォキャブラリーの範囲で、天才が創造した、高い質と普遍的価値を備えた芸術作品。」となります。時代の技術と芸術的ヴォキャブラリーの範囲で＝(2)、天才が創造した＝(1)、高い質と普遍的価値を備えた＝(3)芸術作品というように三つの条件をふまえています。

〈その他の選択肢〉

① 多くの絵画理念が生きている時代に、天才芸術家が自分自身を主役として、高い技術力で描いた芸術作品。
条件(1)はあるが(2)、(3)がない

② 一人の芸術家が、個人的体験を時代の流行にあわせながら制作し、普遍的な価値へと到達させた芸術作品。
条件(2)、(3)はあるが(1)がない

④ 時代精神を深く理解した上で、それを乗り越えた、優れたデザイン感覚と明晰な知的判断をもつ芸術作品。
条件(2)はあるが(1)、(3)がない

問2 傍線部内容説明問題 難易度★

≫ルール41→21ページ

ステップ1 傍線部を含む一文を分析する

3 もともと〈「マスターピース」という言葉は〉もっと正確に言うなら〈その祖先にあたるドイツ語の[2]「マイスターシュトゥック」という言葉は〉、中世の末期に登場して以来、必ずしも「天才」ではないにしても、少くとも高度に優れた技術を持った「芸術家」という意味をつねにそのなかに含んでいました。

「『マスターピース』という言葉は」「その祖先にあたるドイツ語の『マイスターシュトゥック』という言葉は」が主部になっているとわかります。ここで初めて出てきた言葉なので、後ろに解答の根拠を求めましょう。

ステップ2 解答の根拠をとらえる

傍線部を含む一文の後ろの文によると、「マイスターシュトゥック」という言葉は「若い見習い職人が『マスター』（親方）になるために提出しなければならない作品」のことを意味していました。そして、「その作品は、ギルド、すなわち同業者組合の審査会で審査され、そしてもしそれが、必要な水準の技量を充分に示していると判定されれば、作者はギルドへの加入が認められ、『マスター』として職業活動に従事することが出来る」というものだったのです。この点をふまえて解答を選びましょう。

「マイスターシュトゥック」

- **若い見習い職人が「マスター」になるために提出しなければならない作品**
- **同業者組合の審査会で審査され、必要な水準の技量を充分に示していると判定されれば、ギルドへの加入が認められ、「マスター」として職業活動に従事することが出来る**

ステップ3 解答を決定する

以上より、解答は④「若い見習い職人が、同業者組合の審査会で、手業（てわざ）の技量、技術的能力を判定してもらうために提出する作品。」となります。

〈その他の選択肢〉

① 若い見習い職人が天才的芸術家へと成長するため、すぐれた技術的能力を活かして一心不乱に制作した作品。
（「マスター」になるために提出する）

② ギルド加入のため、まだ技術的には未熟な若い職人が高い意欲をもち、長い時間をかけて制作した実用的な作品。
（技術が成熟している職人も提出する）

③ 「マスター」として職業活動に従事するため、若き天才技術者が同業者組合へ提出しなければならない芸術的な作品。
（天才に限らない）

問3 傍線部内容説明問題 難易度★

≫ルール41→21ページ

ステップ1 傍線部を含む一文を分析する

4 次の段階、すなわち十七世紀において、[3]〈この言葉は〉さらに別の新しい特徴を加えることとなります。「卓越性」という概念が最も重要視されるようになり、卓越した作品は手本とすべき優れた範例と考えられた故に、それは規範としての性格を備えるようになったのです。

「この言葉は」が主部になっているとわかります。また、設問文から「この言葉」が『マスターピース』という言葉」であることもわかります。この言葉の意味の「次の段階＝十七世紀」の「変化」なので、前後に解答の根拠を求めましょう。

ステップ2 解答の根拠をとらえる

3〜4段落で「マスターピース」の意味は「手業の技量、技術的能力（中世の末期）」→「より高い次元の芸術的達成（ルネッサンス期以降）」→「卓越した作品の規範としての性格（十七世紀）」と変化していったことがわかります。このことをふまえて解答を選びましょう。

「マスターピース」の意味の変化

中世の末期＝手業の技量、技術的能力

↓

ルネッサンス期以降＝より高い次元の芸術的達成

↓

十七世紀＝卓越した作品の規範としての性格

ステップ3 解答を決定する

以上より、解答は④「従来の意味を残しながらも、『卓越性』という概念が重要視されるようになり、卓越性をもった作品は優れた範例としての地位を獲得することで、芸術作品の手本となっていった。」となります。「卓越性」「規範（＝範例）」というポイントが入っています。

〈その他の選択肢〉

① 高度な技術的能力にかわって新たに「卓越性」という概念が重要視されるようになり、「優れた卓越性」を認められた彫像が次々に複製されたことで、彫刻の地位が高まっていった。（本文にない）

② 十七世紀になると、「卓越性」という概念による古代ギリシャ彫刻の再評価の機運が高まり、フランスのアカデミー世界においては、彫像こそが「卓越性」の象徴となっていった。（本文にない）

③ 「卓越性」という概念が重要性を増したことと連動して、卓越した芸術作品は規範としての性格を備えるようになり、範例とされた複製品までもが芸術とみなされるようになっていった。（本文にない）

問4 傍線部内容説明問題　難易度★

≫ルール41→21ページ

ステップ1 傍線部を含む一文を分析する

5 ……とすれば、〈われわれは〉、このような考え方を「創造の美学」と呼ぶことが出来ましょう。

「それぞれに」が主語になっているとわかります。「このような考え方」はまとめの指示語なので、前に解答の根拠を求めましょう。

≫ルール52 解法 「指示語」は必ず「指示対象」を確認する！

傍線部や空所を含む一文に「指示語」があったら、その「指示対象」が解答の根拠となる場合が多いです。必ず指示対象を確認しましょう。

また、基本的には指示対象は「前」にありますが、指示対象をとらえる「ヒント」は「後」にあります。このことも覚えておくと、より指示対象がとらえやすくなります。

ステップ2 解答の根拠をとらえる

今までの「マスターピース」の考え方のまとめになっています。傍線部を含む5段落の冒頭に、「マスターピース」とは「本質的に、作品そのものに内在する性格に依拠するもの」とあります。

このことをふまえて解答を選びましょう。

「創造の美学」

＝「マスターピース」とは「本質的に、作品そのものに内在する性格に依拠するもの」だという考え方

ステップ3 解答を決定する

以上より、解答は①「『マスターピース』とは、芸術家が創造した作品そのものに内在する性格によって評価されるものだという考え方。」となります。「作品そのものに内在する性格」というポイントが入っています。

〈その他の選択肢〉

② 「マスターピース」の選定では、技術的巧妙さよりも、表現力の強さや美的特質を重要視すべきだという考え方。

本文にない比較

③ 「マスターピース」とは、作品に「卓越性」を附与するという困難な課題を達成した芸術家自身を指すという考え方。

「マスターピース」は「作品」

≫ルール53 解法 選択肢の検討では「文の構造」にも注意する！

選択肢を検討するときは、本文と比べて「主語（部）」「述語（部）」の対応が合っているか、「修飾語（部）」のかかり方が正しいかをチェックしましょう。語句レベルでは合っているように見えても、語句と語句のつながり方がおかしいという誤答パターンは頻出です。

④ 「マスターピース」の選定では、「卓越性」を重んじた芸術家

〔指示語の指示内容にない〕

の、継続的な創造活動を評価すべきだという考え方。

問5 傍線部理由説明問題 難易度★

≫ルール43→35ページ

ステップ1 傍線部を含む一文を分析する

7 ……**むしろ**「名作」あるいは「名品」というのが有力な候補ですが、ここでは、それとほとんど同じような意味合いの「名物」がわれわれにとって最も適当であるように思われます。

一文中の指示語「ここ」は日本における「マスターピース」の考え方、「それ」は「名作」「名品」を指していることを押さえます。「名物」と「(『マスターピース』の訳語として)最も適当」の間に「飛躍」がありますので、「名物」の説明を求めましょう。

ステップ2 解答の根拠をとらえる

傍線部の後ろに、根拠や理由を表す「なぜなら」があり、続いて「名物」は「広く一般に『卓越したもの』と認められている芸術作品を指示する」とあります。さらに「実際にどのような作品がそれにあたるかを記載したリストないしは記録が『名物記』や『名物帖』といったかたちで数多く残されている」とあります。この部分をふまえて解答を選びましょう。

「名物」

・広く一般に「卓越したもの」と認められている芸術作品を指示する

・実際にどのような作品がそれにあたるかを記載したリストないしは記録が「名物記」や「名物帖」といったかたちで数多く残されている

←

「(『マスターピース』の訳語として)最も適当」

ステップ3 解答を決定する

以上より、解答は③「広く一般に『卓越したもの』と認められた芸術作品を指示し、その具体例が記録によって残されているから。」となります。

〈その他の選択肢〉

① 現在最も普通に用いられており、中国の文献にも登場し、詩などの文学作品についても該当する訳語だから。〔「傑作」の説明〕

② 有力な日本語訳の候補である「名作」「名品」と同様、日本では美術作品についての文献に登場しているから。〔本文にない〕

④ 他の分野には適用が難しい訳語であるが、茶の湯にかぎれば「名物」という言葉の基本的意味は明らかだから。〔広く一般に適用可能〕

≫ルール41→21ページ

ステップ1 傍線部を含む一文を分析する

8 ……（同様の過程は、有名な場所である「名所」について**も**観察することが出来ます。……いったんある場所が精神的ないしは美的意義を附与されれば、多くの人々がそこを訪れて崇拝し、嘆賞し、歌を捧げ、絵画に描き出します。**その結果**、その場所は多くの記憶の集積を獲得することになります。**つまり**、長い歳月のあいだに、さまざまの豊かな記憶と結びつけられることによって、ある場所が「名所」の地位を得るわけです。〈**この**記憶の集積を慕ってやって来た歌人や画人たちは〉、そこで 6 先人たちと対話をかわし、過去の思い出とのつながりの上に自分たちの芸術世界を築き上げようとします。記憶は**また**、共通の遺産によって人々を結びつけるだけでなく、視覚芸術においても文学においても、芸術創造のきわめて特異な手法、遣り方の発展を促しました。日本の芸術において、芸術的暗示や引用、あるいは確立されたイメージや約束事が特に重要な役割を演じるのはそのためです。詩歌においては、それは「本歌取り」や「見立て」などの方法にうかがうことが出来ますし、視覚芸術においては、名所を描く時に、画家は確立されたモチーフを必ず取り入れるように努めます。）先行する芸術家たちとの対話、あるいはその思い出に基く創造活動は、時にほとんど共同制作の趣きをすら見せることがあります。

（具体例）

「この記憶の集積を慕ってやって来た歌人や画人たちは」が主部になっているとわかります。「先人たちと対話をかわし」に比喩表現なので、その説明を求めましょう。

ステップ2 解答の根拠をとらえる

「先人たち」とはある場所を訪れた多くの人々です。彼らがその場所を歌にし、絵画にした結果、その場所は「名所」になりました。その「名所」を題材にして自分たちの芸術を作ることを「先人たちとの対話」と言っています。

この「内容」をふまえて解答を選びましょう。

「先人たちとの対話」
- **「先人たち」とはある場所を訪れた多くの人々**
- **「対話」とは先人たちの作品によって「名所」となった場所を題材にして自分たちの芸術を作ること**

ステップ3 解答を決定する

以上より、解答は③「精神的ないしは美的意義が附与された『名所』は豊かな記憶の蓄積をもつが、そこに集った歌人は、先行する芸術家による作品を積極的に参照し、取り入れ、それらとの相互交渉から自らの芸術作品を創造していく。」となります。

〈その他の選択肢〉

① 現地を訪れた人々の記憶を、いわば集蔵庫としてもつ「名所」を訪れた画人は、先行する芸術家がその場所を描いた作品を買

（作品を買い集めるのではない）

い集め、そこに最も多く描かれたモチーフを自作に取り込み、伝統に連なろうとしていく。

② 「名所」を訪れた歌人は、先行する芸術家の人生や思い出を振り返りながら、芸術的暗示や引用などの特異な手法を用い、共同制作の中に個を埋没させていくことで、日本の美学的伝統に連なる和歌を詠んでいく。

本文にない

④ 先行する芸術家への尊敬の念を高めることで、画人は「名所」について彼らが見ていたはずのイメージをなるべく正確に想像し、それを現代の芸術的ヴォキャブラリーのなかで忠実に再現することで芸術を創造する。

現代の芸術家とは説明されていない

再現しようとはしていない

問7 傍線部内容説明問題 難易度★

ステップ1 傍線部を含む一文を分析する

»ルール41→21ページ

9 ……つまりその過程は、日本では西欧とちょうど逆です。マスターピースが普遍的な承認をもたらすのではなく、むしろ仲間の芸術家や鑑識家の評価が、ある作品をマスターピースたらしめるのです。これは西欧における「創造の美学」に対して、7「鑑賞の美学」と呼ぶことが出来るでしょう。

指示語「これ」があるので指示対象を求めましょう。また、「に対して」という「差異」のフレームが使われていることにも注意しましょう。

ステップ2 解答の根拠をとらえる

»ルール4 読解 「対立関係」（差異）を整理して「主張」や「重要な情報」をとらえる！

ある事柄をわかりやすく説明するために、反対の内容と比較して「差異（＝異なる点）」を示すことがあります。「差異」が説明されている場合は、二つの事柄の違いを理解して、主張をとらえましょう。

「差異」のフレーム

- □AはXであるのに対し、BはYである。
- □一方では、AはXである。他方では、BはYである。

傍線部「鑑賞の美学」は、「差異」の表現「に対して」をはさんで「創造の美学」と対立関係にあります。また、「鑑賞の美学」と呼ぶことのできる「これ」は、直前の「仲間の芸術家や鑑識家の評価が、ある作品をマスターピースたらしめる」という考え方を指しています。そしてこの考え方は、「ではなく」という「否定」の語をはさんで「マスターピースが普遍的な承認をもたらす」という考え方と対立関係にあります。この二組の対立関係をふまえて解答を選びましょう。

「創造の美学」

・マスターピースが普遍的な承認をもたらす

↔ 対立関係（否定／差異）

「鑑賞の美学」

・仲間の芸術家や鑑識家の評価が、ある作品をマスターピースたらしめる

ステップ3 解答を決定する

以上より、解答は②「芸術作品は、芸術家同士の相互交渉や先人との対話から創られると同時に、その卓越性を芸術家の仲間うちや鑑識家たちによって承認されることが重要だという考え方。」となります。

〈その他の選択肢〉

① 芸術作品は、創作の現場に居合わせた人々の鑑賞によって完成するものではなく、それ自体がもつ内在的価値によって評価すべきで、それゆえに共同制作は評価できないという考え方。
「創造の美学」の説明

③ 芸術家の仲間うちでの評価は賛否両論になったとしても、芸術家は自らの美学を信じて創作活動を進めるべきで、その結果として生まれた卓越した作品をこそ評価すべきだという考え方。
「創造の美学」の説明

④ 才能豊かな天才芸術家個人によって創られた芸術作品は、作品そのものに内在する美的価値によって評価されるべきで、そうした優れた卓越性をもつ作品だけが鑑賞に値するという考え方。
「創造の美学」の説明

「AはXであるのに対し、BはYである」という「差異」が説明されているとき、「A」の説明として「Y」を答えたり、「B」の説明として「X」を答えたりしている選択肢は誤りとなります。ここでは、①③④は問われている「鑑賞の美学」ではなく「創造の美学」の説明をしているので典型的な誤りの選択肢です。このような誤りは確実に判断できるようにしましょう。

Lesson 4

解答・解説

▼問題 別冊37ページ

このレッスンで出てくるルール

ルール22 読解 「引用」は「筆者の主張」とセットでとらえる!
ルール10 読解 「類似」に注目する!
ルール27 読解 「時間(時代)」が示す「変化」や「経緯」に注目する!
ルール7 読解 本文の矛盾は「逆説」を疑う!
ルール9 読解 「並列関係」は並べる事柄とその対応を整理する!
ルール13 読解 「ある事柄」が成立するための「条件」に注目する! ⇒問2
ルール14 読解 「主張」に伴う「根拠」を意識する! ⇒問4
ルール48 解法 キーワード説明問題は「解答へのステップ」で解く! ⇒問7

解答

問1 ③　問2 ④　問3 ⑥　問4 ④
問5 ②　問6 ②　問7 ①　問8 ③

出典：渡部泰明『和歌とは何か』

意味段落Ⅰ 「和歌は、人の生き方に関わることによって、時代を越えて生き延びてきた」

1 中世に至ると、和歌もずいぶん仏教の影響が色濃くなる。「歌を作る作者」は、仏教者の目から捉え返されることにもなる。もっとも有名な遁世歌人の一人西行は、和歌の大事さについて、次のように語ったといわれている。

ルール22 引用
《わが歌は、如来の真実の姿と変わらない。だから、私は、一首詠んでは一体の仏像を造ったと思い、一句考えることが秘密の真言を唱えることと同じだと思った。私は、和歌によって仏法を悟るところがあった。》（『栂尾明恵上人伝記』）

2 和歌を作ることは仏像を造ることや「真言」（真理を表す呪文）を唱えることと同じで、悟りへの導きとなると言う。こうなると、「歌を作る作者」は「悟り」を得る作者のことになる。俗なる人間から、悟りを得ることまでの過程として把握されているのである。譲歩《実際には西行の発言ではないことが判明しているのだが》、A しかし《そのように信じられていたことが》大切である。主張【実際に作歌という行為は、仏道修行としてさえ把握されることがあった。】そこまで言うの

≫ルール22 読解 「引用」は「筆者の主張」とセットでとらえる！

→41ページ

引用
西行の発言（『栂尾明恵上人伝記』）
←
筆者の主張
作歌という行為は、仏道修行としてさえ把握されることがあった

は特殊なケースではあるが、和歌の修練が仏道修行にも似た修業だと意味づけられることは、ごく普通に見られた。和歌は雑念を払い去り、執着を脱却し、澄んだ私心のない心を得させるものだと、繰り返し指摘された。あるいはまた、そういう澄んだ心でなければ歌は詠めない、と教えられた。述べている方向は逆だが、「歌を作る作者」が、そのような格別な心へと至る過程と重なっていることは確かであろう。中世の古今伝授で、「無心」や「虚心」が強調されていたことなどもそれに関わる。古今伝授も、理想的な作者となるための、「歌を作る作者」としての教育プログラム、すなわち修業なのである。

3 和歌は古代社会の産物である。古代社会とは貴族社会のことである。貴族が自分たちの心を表すために生み出し、完成させた詩が和歌であった。もちろん、『万葉集』を含めて。だとすれば、当然、古代社会が崩壊して、中世社会（鎌倉・室町時代）へと移行したことによって、〈B 和歌は〉衰亡してもおかしくなかった。担い手となる階層が力を失っていくのだから、彼らの表現手段も衰退するのが当然であったろう。しかし、和歌は滅びなかったし、縮小もしなかった。むしろ担い手となる階層を広げ、前代と比較にならぬほど大量の歌が作られた。

4 中世に入って和歌世界がさらに拡大した大きな要因の一つに、和歌が教育と結びつき、修業や精神修養の役割も兼ねるようになったことを挙げておきたい。文語としての日本語の精髄であり、物語など散文を含めた他の多くの文学作品、さらに演劇・美術・工芸などさまざまな文化領域ともかかわりが深い和歌は、基礎的教育科目として理想的なものと見なされた。

ルール10 読解 「類似」に注目する！

→21ページ

類似
・仏道修行
・和歌の修練
← 雑念を払い去り、執着を脱却し、澄んだ私心のない心へと至る過程

ルール27 読解 「時間（時代）」が示す「変化」や「経緯」に注目する！

論理的文章では「時間（時代）」を表す表現によって、「変化」や「経緯」を説明することがあります。「時代」を経て「変化」したのか、それとも「時代」を越えて同じことが受け継がれていくのかに注意しながら読んでいきましょう。

［甲］、自分で作れるところがいい。詠むことによって、その世界に参加できるからである。（［乙］、『源氏物語』をふまえた和歌を作ることで、この大長編を読破し我が物としたと、誇らしげに示すことができる。［丙］実際には、ダイジェスト版が用いられることが多かったのだが。和歌を作ることによって、和歌世界のみならず「みやび」の世界に参入し参加している、という実感を得ることが可能になるのである。）この和歌の参加感を、集団制作の形をとって、さらに直接的に感じ取られるものとしたのが、中世に流行した連歌である。

5 ともあれ、参加できる仕組みを持つことによって、和歌はすたれなかった。「作品の中の作者」はいわば理想的な人物であり、そこへ至るために、歌を作る努力を繰り返す。作ることが、修業であり、精神修養となる。それゆえ「歌を作る作者」は、理想へ至る過程として位置づけられるのである。こうして和歌は、社会的意義を新たに獲得しつつ、滅亡をまぬかれた。〈C 和歌が縁遠いものになったことが〉、逆にそれを目標にすることを可能にした。和歌への距離感が、憧れに転化したのである。

6 D 近世社会に移っても、《修業・修養としての和歌の意義は》、継承された。（上野洋三氏の整理・分析によれば、中世の歌論を受け継いだ堂上（貴族）の歌論でも、やはり「無心」を得るための精神の鍛錬が強調され、「まこと」（信・真・実・誠）が求められた。そしてその論理は、やがて、地下（貴族以外）にも広まり、また俳論などにも継承されていった。蕉風俳論の「不易流行論」などがその一例だという。）

「和歌は時代を越えて生き延びてきた」

古代 貴族が生み出した
←
中世 修業・修養と結びついた
←
近世 修業・修養として継承された
←
近代 和歌の考え方は受け継がれた

≫ルール7 読解 本文の矛盾は「逆説」を疑う！

「逆説」とは一見矛盾しているが、実は一面の真理を言い表している表現のことです。現代文では「本文に書かれていることは正しい」と考えるのが基本です。矛盾しているように見える表現は「逆説」として正しいことを言っているのではないかと疑い、筆者の言いたいことをとらえるようにしましょう。

「逆説」のフレーム

- □Aすると、かえってB（＝Aの反対）。
- □Aと同時にB（＝Aの反対）。

7 近代（時間）社会に至ってついに和歌は滅び、近代短歌・現代短歌がそれに取って代わった、とされている。ここで、古典和歌と近現代短歌の関係を論じる余裕も能力もないのだが、ただ一つ言っておきたいのは、五句・三十一音の詩の形式をとり、しかも「それを作ることは精神修養につながる」という考え方は、近代以降にもしっかりと受け継がれていったことである。斎藤茂吉の「実相観入（じっそうかんにゅう）」などという言葉を読むと、とくにそう感じる。これもまた、「無心」の系譜に連なるものと言えないだろうか。

8 和歌は、人の生き方という側面に関わることによって、時代を越えて生き延びてきた。断っておきたいのだが、私は、和歌が長い歴史を持っていることについて、それだけで素晴らしい文化だと胸を張るのは、早計に過ぎるだろうと思っている。「吾（あ）が仏尊し」、つまり自分の信奉するものだけが尊いという態度は、（ルール7 逆説）かえって E 和歌の底にあるものを覆い隠してしまう危険性がある。権威への盲従すら生みかねない。和歌は権威主義や事大主義とも、実に相性がよいのだ。しかし、理想を追い求めながら、なおかつ人々とともに現実を生きようとする営為と関わってきたこと（ルール9 並列関係）もまた、忘れたくないと思う。その営為に対して演技という名を与え、その意味についてあれこれ考えてきたつもりである。演技は、現実と虚構（理想）が重なり合うところに存在するからである。

意味段落Ⅱ「和歌は、時代を越えて『無心』と深い関わりを持っていた」

「逆説」
和歌が素晴らしい文化だと胸を張る態度
←かえって
和歌の底にあるものを覆い隠してしまう

≫ルール9 読解 「並列関係」は並べる事柄とその対応を整理する！
→47ページ

「AだけではなくBも」という「並列」の関係では「A」が一般論、「B」が筆者の主張になるケースが多いので、注意しておきましょう。

「無心」とは
常識論
・雑念を去った、集中した状態
＋ だけではない
筆者の主張
・歴史に対する敬虔さ

9 和歌は、時代を越え、一貫して「無心」と深い関わりを持っていた。いったいどうしてだろうか。そもそも無心とは何なのだろうか。〔問題提起〕（簡単には答えにくいことだが、少なくとも無心が、雑念を去った、集中した状態を指すことは間違いないだろう。優れた作品は、集中した心がなければ生み出しにくいし、先入観や下心を持っていると、なかなか良い作品にはならない。）〔譲歩〕だが、そうした常識論だけではなく、〔ルール9 並列関係〕「無心」にはもっと大事な要素が含まれているだろう。

10 それは、我を捨てる、ある種の敬虔（けいけん）さではないか。〔答え・主張〕【歴史に対する敬虔さである。言葉の歴史を受け継ぎ、次代へと受け渡そうとする意志が連綿と連なってきたこと、それへの敬虔なる思いであり、それに自分もまた連なろうとする意志が、無心を生むのだろう。そうした無心を核として、和歌は、演技され、生きられていた。およそ浮世離れしたみやびの世界と思われがちな和歌だが、生きることと深く結びついていたと思う。それだけではない、〔ルール9 並列関係〕偶然と運命に振り回されながら生きる私たちの生そのものが、実は詩の形をしていたのではなかったか、とすら思わせないではない。】さすがに、「吾が仏尊し」であろうか。

本文要約

中世以降、和歌は修業や精神修養の役割を期待され、人の生き方に関わることによって、時代を越えて生き延びてきた。和歌は、言葉の歴史を受け継ぎ、次代へと受け渡そうとする意志が連綿と連なってきたことに対する敬虔なる思いである「無心」と深く関わる。無心を核とする和歌は、生きることと深く結びついており、偶然と運命に振り回されながら生きる私たちの生そのものが、実は詩の形をしていたとも言えるかもしれない。

重要語句

- □28 文語（ぶんご）＝文章を書くときに使われる言葉
- □28 精髄（せいずい）＝本質、重要な部分
- □58 権威主義（けんいしゅぎ）＝権威を疑わず、それにしたがう態度
- □59 営為（えいい）＝いとなみ、行為
- □68 敬虔（けいけん）＝神聖なものを深く敬いつつしむこと

読解マップ

意味段落Ⅰ「和歌は、人の生き方に関わることによって、時代を越えて生き延びてきた」（1～8）

中世

和歌は教育と結びつき、修業や精神修養の役割も兼ねるようになった

←

近世

修業・修養としての和歌の意義は継承された

←

近代・現代

和歌は短歌に取って代わられたが、歌を作ることが精神修養につながるという考え方は受け継がれた

＝ **同値関係**

和歌は、人の生き方という側面に関わることによって、時代を越えて生き延びてきた

意味段落Ⅱ「和歌は、時代を越えて『無心』と深い関わりを持っていた」（9～10）

和歌は、時代を越え、一貫して「無心」と深い関わりを持っていた

無心とは、言葉の歴史を受け継ぎ、次代へと受け渡そうとする意志が連綿と連なってきたことに対する敬虔なる思いである

←

そうした無心を核とする和歌は、生きることと深く結びついており、偶然と運命に振り回されながら生きる私たちの生そのものが、実は詩の形をしていたと言えるかもしれない

問1 傍線部内容説明問題 難易度★

ステップ1 傍線部を含む一文を分析する

≫ルール41→21ページ

[2] ……（譲歩 実際には西行の発言ではないことが判明しているのだが）、A しかし〈そのように信じられていたことが〉大切である。

傍線部の主部である「そのように信じられていたこと」が「実際には西行の発言ではない……のだが、しかし……」という「譲歩」のフレームが見つかります。

また、「そのように」は指示語なので、傍線部より前に指示対象を探します。

ステップ2 解答の根拠をとらえる

[1]段落で西行が語ったとされる言葉が引用され、傍線部のある[2]段落の冒頭で引用の意味が説明されています。筆者による説明の部分を読んで、「そのように信じられていたこと」が何かを読み取りましょう。

「そのように信じられていたこと」＝和歌を作ることは仏像を造ることや真言を唱えることと同じで悟りへの導きとなる、と西行が言ったということ

ステップ3 解答を決定する

以上より、解答は③「西行がこのように発言したと信じられたことで、和歌を作ることは仏道修行に通じるという考えが後世に大きな影響を与えるようになったこと。」となります。和歌を作ることが仏道修行として考えられていたことをとらえているのはこの選択肢です。

〈その他の選択肢〉

① 当時からこれは西行の発言でないことは知られていたが、遁世歌人の西行の発言とされることによって有名になり、後世の人々がそれを信じたこと。
（西行の発言と信じられていた）

② 当時からこれは西行の発言でないことは知られていたが、和歌を作る行為は仏道修行になると西行が信じたことで、和歌を作る行為が盛んになったこと。
（西行の発言と信じられていた）

④ 西行がこのように発言したと信じられたことで、後世の歌人たちがすぐれた和歌を作るために仏道修行をし、盛んに経を唱えるようになったこと。
（和歌は仏道修行に似たものと把握された）

問2 傍線部理由説明問題 難易度★

ステップ1 傍線部を含む一文を分析する

≫ルール43→35ページ

3 和歌は古代社会の産物である。古代社会とは貴族社会のことである。貴族が自分たちの心を表すために生み出し、完成させた詩（条件）が和歌であった。もちろん、『万葉集』を含めて。だとすれば、当然、古代社会が崩壊して、中世社会（鎌倉・室町時代）へと移行したことによって、〈和歌は〉（B帰結）衰亡してもおかしくなかった。担い手となる階層が力を失っていくのだから、彼らの表現手段も衰退するのが当然であったろう。

「だとすれば」という「条件」を表す接続表現が見つかり、傍線部はその条件での帰結であることがわかります。傍線部を含む一文より前に、「条件」を求めます。

ルール13 読解

「ある事柄」が成立するための「条件」に注目する！

「ある事柄」が成立するための「条件」を説明する文章がよく出題されます。「ある事柄」にとって求められる「条件」を的確にとらえるために、「条件法」のフレームに注意しましょう。

「条件法」のフレーム

- □AのためにはBが必要だ。
- □Bがあって、はじめてAだ。
- □Bがあってこそ、Aだ。
- □Aのとき（のみ）、Bだ。

ステップ2 解答の根拠をとらえる

和歌が古代社会で勢力を誇っていた貴族の生み出した詩であったことが「条件」です。だから、貴族が力を失った中世には和歌が衰亡してもおかしくなかったのです。

和歌は貴族社会である古代社会の産物である

↓

中世に貴族が力を失っていけば、和歌も衰退するのが当然

ステップ3 解答を決定する

以上より、解答は④「和歌を生み出した貴族たちが力を失ったから。」となります。他の選択肢には「貴族が力を失う」という内容が含まれていません。

問3 空所補充問題 難易度★

ルール44→18ページ

ステップ1 空所を含む一文を分析する

4 ……文語としての日本語の精髄であり、物語など散文を含めた他の多くの文学作品、さらに演劇・美術・工芸などさまざまな文化領域ともかかわりが深い和歌は、基礎的教育科目として理想的なものと見なされた。［甲］、自分で作れるところがいい。永

ことによって、その世界に参加できるからである（ **乙** 『源氏物語』をふまえた和歌を作ることで、この大長編を読破し我が物としたと、誇らしげに示すことができる。 **丙** 実際には、ダイジェスト版が用いられることが多かったのだが。）

甲は文頭にあります。前の文との関係性をとらえましょう。

ステップ2 解答の根拠をとらえる

甲から始まる文は、前の文の内容を受けて、「基礎的教育科目としての和歌」の良さを説明しています。
乙から始まる文は前の文の具体例になっています。
丙の後には「実際には」とあるので前の部分を補足しています。

甲　前の文をより詳しく説明
乙　前の文の具体例
丙　前の文を補足

ステップ3 解答を決定する

以上より、解答は⑥「なかでも――例えば――もっとも」となります。

問4 傍線部内容説明問題 難易度★

≫ルール41→21ページ

ステップ1 傍線部を含む一文を分析する

5 ともあれ 参加できる仕組みを持つことによって、和歌にす
たれなかった。「作品の中の作者」はいわば理想的な人物であり、そこへ至るために、歌を作る努力を繰り返す。作ることが、修業であり、精神修養となる。 それゆえ 「歌を作る作者」は、理想へ至る過程として位置づけられるのである。 こうして 和歌は、社会的意義を新たに獲得しつつ、滅亡をまぬかれた。〈C和歌が縁遠いものになったことが〉、逆にそれを目標にすることを可能にした。

ステップ2 解答の根拠をとらえる

主部は「和歌が縁遠いものになったことが」となっています。その部分と「逆にそれを目標にすることを可能にした」という部分に「飛躍」があります。その説明を求めましょう。

傍線部の前の文は「こうして」から始まり、その前の文は「それゆえ」から始まっています。どちらも「帰結」の接続表現なので、理由を求めて前に戻っていきます。

≫ルール14 読解 「主張」に伴う「根拠」を意識する！
→44ページ

「作品の中の作者」は理想的な人物であるため、そこへ至るために歌を作る必要がある

↓

「歌を作る作者」は理想へ至る過程

↓

和歌は社会的意義を獲得し、滅亡をまぬかれた

ステップ3 解答を決定する

以上より、解答は④「これまで和歌を作らなかった階層の人々が、かけ離れた世界に強く心を惹かれ、理想の歌人になることを目指しはじめたこと。」となります。理想に近づくために和歌を作るという内容が含まれているのはこの選択肢です。

〈その他の選択肢〉

① みやびとは縁遠かった人々が、読み切るのが困難であるがゆえに、『源氏物語』を読むことに一層の意欲を持つようになったこと。
和歌が目標となったことと無関係

② 精神修養のために和歌を作っていた人々が、新しい時代になってむしろ和歌本来の芸術的達成を求めるようになったこと。
本文にない

③ 連歌を作ることで文学の世界に参入しようとした人々が、みやびを求めて一層努力し、修練を積むようになっていったこと。
求めたのは理想的な人物

問5 傍線部内容説明問題 難易度★

≫ルール41→21ページ

ステップ1 傍線部を含む一文を分析する

6 近世社会に移っても、〈修業・修養としての和歌の意義は〉、継承された。D（**具体例** 上野洋三氏の整理・分析によれば、中世の歌論を受け継いだ堂上（とうしょう）（貴族）の歌論でも、やはり「無心」を得るための精神の鍛錬が強調され、「まこと」（信・真・実・誠）が求められた。そしてその論理は、やがて、地下（じげ）（貴族以外）にも広まり、また俳論などにも継承されていった。蕉風俳論の「不易流行論（ふえきりゅうこう）」などがその一例だという。）

中世の話をしていた前の段落までと異なり、近世の話をしていることがわかります。傍線部を説明している部分を後ろに探しましょう。

ステップ2 解答の根拠をとらえる

傍線部の後から、近世における和歌の意義の継承の様子が具体的に説明されています。

近世社会でも修業・修養としての和歌の意義は、継承された

＝ **同値関係**

貴族の歌論でも精神の鍛錬が強調され、「まこと」が求められた。その論理は、貴族以外にも広まり、俳論にまで及んだ

ステップ3 解答を決定する

以上より、解答は②「和歌を作ることが修業・精神修養につながるという考えは、近世社会では『まこと』を求めるべきだという論理となり、精神の鍛錬という性質が強まったということ。」となります。

〈その他の選択肢〉

① 和歌を作ることが修業・精神修養につながるという考えは、近世社会では俳諧という新たに発展した文芸の中にも受け継がれていったということ。（具体例）

③ 和歌を作ることが修業・精神修養につながるという考えは、近世社会ではさらに精神の鍛錬が強調されたことで一層堅固なものとなり、後代にまで影響を及ぼしたということ。（本文にない）

④ 和歌を作ることが修業・精神修養につながるという考えは、近世では消滅し、やがて近代短歌、現代短歌がそれに取って代わったということ。（近世にも継承された）

問6 傍線部内容説明問題 難易度★★

≫ルール41→21ページ

ステップ1 傍線部を含む一文を分析する

8 和歌は、人の生き方という側面に関わることによって、時代を越えて生き延びてきた。断っておきたいのだが、私は、和歌が長い歴史を持っていることについて、それだけで素晴らしい文化だと胸を張るのは、早計に過ぎるだろうと思っている。〈「吾が仏尊し」、つまり自分の信奉するものだけが尊いという態度に「かえって」E和歌の底にあるものを覆い隠してしまう危険性がある。権威への盲従すら生みかねない。和歌は権威主義や事大主義とも、実に相性がよいのだ。「しかし」、理想を追い求めながら、なおかつ人々とともに現実を生きようとする営為と関わってきたこと「もまた」、忘れたくないと思う。その営為に対して演技という名を与え、その意味についてあれこれ考えてきたつもりである。演技は、現実と虚構（理想）が重なり合うところに存在するからである。

9 和歌は、時代を越え、一貫して「無心」と深い関わりを持っていた。いったいどうしてだろうか。そもそも無心とは何なのだろうか。簡単には答えにくいことだが、少なくとも無心が、雑念を去った、集中した状態を指すことは間違いないだろう。

「『吾が仏尊し』、つまり自分の信奉するものだけが尊いという態度は」が主部になっていることがわかります。傍線部の前後から、この主部の内容と、「和歌の底にあるもの」が何かを求めましょう。

ステップ2 解答の根拠をとらえる

傍線部を含む一文の前の文から、長い歴史を持っているというだけの理由で和歌を素晴らしいものだと考えることが否定的にとらえられていることがわかります。

傍線部を含む一文の後の文からは、和歌が理想を求めながら現実を生きる営為と関わってきたことが肯定的にとらえられていることがわかります。また、和歌が雑念を去った、集中した状態と関わることもわかります。

底

理想を求めながら、人々とともに現実を生きようとする営為＝演技

雑念を去った、集中した状態＝無心

↔ 対立関係

表

長い歴史を持つという権威

ステップ3 解答を決定する

以上より、解答は②「長い歴史によって培われた権威。」となります。この選択肢だけが「底」にあるものに当てはまりません。「あてはまらないもの」を選ぶことに注意しましょう。

〈その他の選択肢〉

①「雑念を去り集中した境地。」、③「演技をともなって理想を表現すること。」、④「人間の生きようとする営為に発していること。」はいずれも「底」にあるものなので、答えにはなりません。

問7 キーワード説明問題 難易度★

ルール48 解法 キーワード説明問題は「解答へのステップ」で解く！

キーワード説明問題の解答へのステップ

ステップ1 解答の根拠をとらえる

問われているキーワードについて説明している部分を探します。

ステップ2 解答を決定する

ステップ1でとらえた根拠をもとに解答を決めます。

「キーワード」を説明する問題も傍線部内容説明問題と似たような考え方で解くことができます。問われている「キーワード」を説明している部分を探して、その部分のポイントをもとにして解答すると良いでしょう。

ステップ1 解答の根拠をとらえる

9 ……少なくとも無心が、雑念を去った、集中した状態を指すことは間違いないだろう。優れた作品は、集中した心がなければ生み出しにくいし、先入観や下心を持っていると、なかなか良い作品にはならない。だが、そうした常識論だけではなく、「無心」にはもっと大事な要素が含まれているだろう。

10 それは、我を捨てる、ある種の敬虔(けいけん)さではないか。歴史に対する敬虔さである。言葉の歴史を受け継ぎ、次代へと受け渡そうとする意志が連綿と連なってきたこと、それへの敬虔なる思いであり、それに自分もまた連なろうとする意志が、無心を生むのだろう。そうした無心を核として、和歌は、演技され、生きられていた。

9段落の後半から10段落にかけて、「無心」の説明がなされています。設問に「筆者のいう『無心』を説明したもの」と指定されているので、常識論を述べた9段落ではなく、10段落が重要です。

「無心」

＝ 同値関係

・雑念を去った、集中した状態（常識論）

・言葉の歴史を受け継ぎ、次代へと受け渡そうとする意志が連綿と連なってきたこと、それへの敬虔なる思いであり、それに自分もまた連なろうとする意志

ステップ2 解答を決定する

以上より、解答は①「過去から未来へと言葉の歴史をつないでいこうとする意志への敬虔な思い、そして、そこに自らも加わろうとする意志が生み出す心。」となります。

〈その他の選択肢〉

② 雑念を去った状態で和歌を詠もうとする集中した心、そして、そこから自分の先入観や下心を排除していこうとする意志。（常識論）

③ 和歌の長い歴史に敬虔な思いを抱き、次代に受け渡していこうとする意志、そして、素晴らしい文化だと信奉して胸を張る態度。（8段落で否定）

④ 理想を追い求めながらも、人々とともに現実を生きようとする思い、そして、演技することによってさらに生きることと結びつけようとする意志。（和歌の説明）

問8 内容真偽問題 難易度★

≫ルール47→37ページ

ステップ1 本文を通読し、意味段落分けをする

「本文解説」参照

ステップ2 選択肢を分析する（①）

①の選択肢については、本文のはじめで仏教の和歌への影響について結論が述べられているか確認しましょう。

ステップ3 解答の根拠をとらえる（①）

1～2段落では仏教の和歌への影響が説明されていますが、結論が示されているわけではないので①は不適切です。

ステップ2 選択肢を分析する（②）

②の選択肢の古代社会から近代社会までの和歌の歴史については

7段落までで説明されているので、確認しましょう。

ステップ3 解答の根拠をとらえる（②）

7段落に「近代社会に至ってついに和歌は滅び」とありました。つまり、和歌は近代社会まで発展してはいないということなので②は不適切です。

ステップ2 選択肢を分析する（③）

③の選択肢については、最後に和歌に対する筆者の考えがまとめられているかを確認しましょう。

ステップ3 解答の根拠をとらえる（③）

最終10段落に「およそ浮世離れしたみやびの世界と思われがちな和歌だが、生きることと深く結びついていたと思う」とあるので③は適切です。

ステップ2 選択肢を分析する（④）

④の選択肢については、本文の中盤で「和歌と人間の営為の関係」を論じているか確認しましょう。

ステップ3 解答の根拠をとらえる（④）

3～7段落で説明されているのは、和歌が受容される経緯であり、「和歌と人間の営為の関係」ではないので④は不適切です。

ステップ4 解答を決定する

以上より、解答は③となります。

Lesson 5

解答・解説

▼問題 別冊47ページ

このレッスンで出てくるルール

ルール2 読解「同値関係（＝言い換え）」に注意する！
ルール17 読解「まとめ」は「筆者の主張の要点」と考える！
ルール4 読解「対立関係」を整理して「主張」や「重要な情報」をとらえる！

解答

問1 W ② Y ① 問2 X ③ Z ④
問3 ⑤ 問4 ③
問5 ⑤ 問6 ③
問7 ②・④

出典：今村仁司（いまむらひとし）『交易する人間』

意味段落Ⅰ　「人間は、自分の作った『社会のなかで』生きる」

1 人間は単に生きるのではない。人間は生きるために「社会」を作り、自分で作った「社会のなかで」生きる。ここでいう「社会」（ルール2 同値関係）という用語は、広い意味での「社会」であり、もっとも平凡な言い方では人と人の「つきあい」（同値関係）であって、この意味では「社会」を「共同体」（同値関係）と言い換えても内容は同じである（利益集団としてのゲゼルシャフトと非利益的で相互扶助的なゲマインシャフトという歴史学的で社会学的な区別は、この段階では無用である）。

2 人間たちは、生きていくためには、すなわち自分たちの生活を維持し再生産するためには、なんらかの「つきあい」の形式を作りだしていかなくてはならない。「つきあい」を相互関係（同値関係）、相互行為（同値関係）、相互交渉（同値関係）あるいは交際（同値関係）と呼ぶこともできる。ここでは相互行為（同値関係）という用語を社会生活の意味で一般化して使用することにする。

意味段落Ⅱ　「人間は、相互行為を名づけることで自己理解を試みる」

3 人間が社会生活をするとき、多種多様な相互行為をおこなうだろう。それらの行為は複合的であり、混在的であり、重層的である。単独的で単層的相互行為はむしろ［W］である。社

ルール2 読解　「同値関係（＝言い換え）」に注意する！

論理的文章ではキーワードを様々な用語に言い換えていくことがあります。そのときにどの言葉がどの言葉と同じ（同値関係）なのかに注意しながら読んでいきましょう。

「社会」
＝
「つきあい」、「共同体」
＝
相互関係、相互行為、相互交渉、交際
＝
相互行為＝社会生活（一般化）

会生活は、こうした種々の相互行為の巨大な集まりである。相互行為というつきあいの集積のみが事実として存在する。われわれが経験するのは、そうした漠然たる行為の集合であるが、それに対して社会または共同体という名前を与えて、その種々の側面を説明するための努力がなされてきた。

4 それは、精密であろうと粗雑であろうと、人間の自己理解の努力であり、それを一般に学問または科学と呼ぶ。相互行為の巨大にして漠然とした集積に名前を与え、さらにその種々の側面にも種々の名前を与えたときから、人間の自己理解が始まっている。命名は認識のはじまりである。認識しつつ自己を理解する精神の努力は、まずは行為の集合を分解し、それぞれの要素を孤立的に抜き出すことから出発する。

5 （相互行為においては、人と人が交渉するだけでなく、交渉を通して物が移動する。事物の空間的移動に対しては「交換」という名前が与えられた。事物の取得能力および能力の移転については「法／権利」（ライト［英］、レヒト［独］、ドロワ［仏］）の名前が与えられた。事物の空間的移動と権利の移動をめぐる駆け引きには「取引」（トレード、トランズアクション）の名前が与えられた。

6 事物や権利の個人または集団へ帰属する仕方については「分配（再分配）」の名前が与えられた。法／権利以前の、あるいは法／権利の不在の状態での、事物の処分権または移動に関しては「略奪」または「戦争」の名前が与えられた。

ルール2 同値関係　同値関係　同値関係　ルール38 具体例

「人間の自己理解の努力」
＝
「学問」または「科学」

≫ルール38 読解 発展 「包摂関係」に注目して「具体例」を見抜く！

多くの「具体例」には「たとえば」などの目印となる表現（→**ルール16**。10ページ）が付いていますが、付いていない場合もあります。目印が付いていない「具体例」は、「抽象」の中に「具体」を含む「包摂関係」から見抜きましょう。

「包摂関係」

□大きいグループ→抽象
⊃
□小さいグループ→具体

例 「生物」＝大きいグループ→抽象
⊃
「犬」＝小さいグループ→具体

ここでの包摂関係を整理すると次のようになります。

7 さらに、私的所有権以前の所有のあり方と事物の移動については「贈与」の名前を与えた。そして事物を取得したときの当事者たちの満足のあり方については「等価の交換」（または不等価の交換）という名前を与えた。事物が数々の人手を渡り歩いた結果として、事物の取得者たちの生活状態がほぼ同等であると全員が承認するときには、その状態には「平等」という名前を与えた。

8 市場的交換があるところでは、交換される事物の等価と不等価を測定する尺度については「貨幣」という名前が与えられた。財の量の大小、それにともなう社会的威信の大小は、「階層制（ヒエラルヒー）」と呼ばれ、財と勢力の不平等に基づく権力の関係に対しては、「 X 」の名前が与えられた。最後に、人間と自然の相互行為に関しては「労働」の名前が与えられた。

9 名づけは、漠然とした全体に区別と差異を入れて分解しながら全体を理解するための基本的作業である。人間の一つ一つの相互行為について名づけをすることも、相互行為のなかに含まれる。名づけは人間の自己理解の仕方であり、それによって人間は自分が生きている世界とそのなかで生きる自己を理解する。その理解の仕方が想像的神話的であろうと、理性的科学的であろうと、二つは理解の仕方としては同等の資格をもつ。

10 ともあれ人間はまず事物について、そして相互行為について名前を付与せずには生きることができない。身体を維持する行動をどのような名前で呼ぼうと、またその行動が交渉する対象にどのような名前を与えようと、命名法としては同等である。われわれはある行動を習慣的に

抽象
行為の集合を分解し、それぞれの要素を孤立的に抜き出す
↓要素を認識し命名する
∪
具体
事物の空間的移動
↓「交換」
事物の取得能力および能力の移転
↓「法／権利」
事物の空間的移動と権利の移動をめぐる駆け引き
↓「取引」
事物や権利の個人または集団へ帰属する仕方
↓「分配（再分配）」
法／権利不在の事物の処分権または移動
↓「略奪」または「戦争」
所有権以前の所有のあり方と事物の移動
↓「贈与」
事物を取得したときの当事者たちの満足のあり方
↓「等価の交換」（または不等価の交換）

労働と呼び、労働の相手を自然と呼ぶが、別の呼び方があっても構わないし、どのような意味をそれらに与えようと構わない。命名は人間の自己理解の仕方であり、それが相互行為の基礎的で基本的な構成要素であることが確認できればここでは十分である。

意味段落Ⅲ「名づけ行為が習慣となることの危険性」

ルール17 まとめ

11 【社会のなかで生きる「人間」とは、こうした相互行為の集合である。】右にあげた命名は全体としての相互行為の断片についての名づけでしかない。言うまでもなく、個々の名前はそれでもって全体を表現することはできない。一つ一つの名前は、個々の行動領域の特性を描くのに貢献するだろうし、事柄の名前が領域の差異を示すのではなくて、より一般的な想念にまで深まるなら、それは個別領域の認識まで前進するだろう。

12 しかし命名が固定され、事柄の単なる符牒(ふちょう)になり、符牒が含む想念も固定的になるなら、その名前と符牒が人々を拘束して、他の名前との関連、他の領域との相関関係を喪失するように傾いていくだろう。（ルール2 同値関係）言い換えれば、名づけ行為は人間の自己認識にとって巨大な一歩を進めることであったが、今度はその命名がなんらかの仕方で、しばしばたいていは習慣という形で、権威をもち、人々を縛(しば)るとき、その名前が指示する範囲の事柄がそれだけで充足しているかのように自立性をおびてくるし、あるいは人々がそのように思い込むようになる。

13 具体例 【たとえば、ある種の相互行為を、いま生きている自分の経験から交換と名づけるとき、その

事物の取得者たちの生活状態がほぼ同等であると全員が承認する状態
↓「平等」

交換される事物の等価と不等価を測定する尺度
↓「貨幣」

社会的威信の大小
↓「階層制(ヒエラルヒー)」

財と勢力の不平等に基づく権力の関係
↓「　X　」

人間と自然の相互行為
↓「労働」

≫ルール17 読解 「まとめ」は「筆者の主張の要点」と考える！

→14ページ

11 段落の最初の文には「こうした」というまとめの指示語があります。前段落の指示対象を確認し、筆者の主張を押さえましょう。

経験内容が交換に付与され、そして固定されるとき、人は交換行為がどの地域でも、どの時代でも同じであったと思い込むようになる。もっと重大なことは、特定の相互行為、（具体例）たとえば交換は、経済的行為を意味するだけであって、そのなかには他の一切の相互行為は存在しないと信じるようになる。】（主張）【これが＝個別的名づけの危険な性質である。】

意味段落Ⅳ「一つの相互行為は他の相互行為を内在し表現する」

14 ところで、いま述べた危険を回避するために、個々の相互行為に付与される個別の命名は広大な相互行為の集合の一部であることを忘れるなというだけでは Y である。（譲歩）〔たしかに部分が全体の一部であることを忘れないことはいいことかもしれないし、それを忘れないように注意深くあることも大切であるかもしれない。〕しかしたとえそれを忘れないにしても、部分を固定し続けることには変わりない。ここで問題にしようとしている事態は、複数の部分領域が寄り集まって全体的集合を作るといったこと（否定）ではない。

15 （ルール4 対立関係・主張）【いわゆる部分はそれだけで自足できないように本性的にできていること、あるいは部分と全体という用語をとりあえず使用するなら、いわゆる部分はすでにそれだけで全体的なのである。】部分が全体的であるというのは、部分が自立化するということ（否定）ではない。（ルール4 対立関係・主張）【一つの相互行為は（譲歩）〔たしかに特定の領域の特質を際だって表現するのであるが、〕それは同時に他の相互行為を内在させており、他の相互行為をも表現しているのである。】

≫ルール4 読解「対立関係」を整理して「主張」や「重要な情報」をとらえる！

→9ページ

「AではなくB」という否定を使った対立関係の記述は繰り返されることがあります。

複数の部分領域が寄り集まって全体的集合を作る
↔ 対立関係（ではない）
部分はすでにそれだけで全体的

部分が自立化する
↔ 対立関係（ではない）
一つの相互行為は、他の相互行為を内在させ、表現している

16（一見したところで、経済的行為に見えるとしても、それは同時に政治的であり、法／権利的であり、宗教的あるいは儀礼的であり、審美的である、等々。）相互行為とは、人間と人間の相互行為、人間と自然の相互行為であるばかりでなく、相互行為の相互行為でもある。行為の相関関係は、相依相待（そうえそうたい）関係であるとも言えるが、そうした相関関係は、分離した部分と部分がふたたび結合するという関係ではなくて、一つの行為において、その行為を舞台にして、複数の行為が同時的に集積している状態であり、ある相互行為においてはある種の生活様式が重点的に際だつというにすぎない。

17（たとえば、アルカイックな社会において人が贈与するという行為を観察して、観察者は贈与を経済的行為とみなすかもしれないが、そうではない。そこでは他人に何かを贈与するという相互行為は、事物の交換にみえるとしても、けっして経済交換につきるのではなくて、それは、そのまま宗教的、習俗規範的、政治的、儀式的、等々の集合なのである。近代経済の交換ですら、自立的にみえても、それは同時に法／権利的であり、政治的であり、宗教イデオロギー的であり、それらの複合態である。）

18【どの相互行為を取り上げても、そこには他の相互行為が介在しており、単に相関すると言うだけではすまないほどに相互侵入的であり、相互に拘束的である。】経済的駆け引きは、法／権利の特定の理念に従っておこなわれ、駆け引きは政治戦略でもあり、闘争的であり、そしてたいていは宗教的儀礼的な約束事に制約されている。

≫ルール4 読解 「対立関係」を整理して「主張」や「重要な情報」をとらえる！

→9ページ

対立関係の記述は「具体例」の中でも同じ形で繰り返されることがあるので、重ねて読むようにすると読みやすくなります。

分離した部分と部分がふたたび結合する

↔ **対立関係**（ではなくて）

一つの行為において、複数の行為が同時的に集積している

具体例（アルカイックな社会の贈与行為）

経済的行為

↔ **対立関係**（そうではない）

宗教的、習俗規範的、政治的、儀式的等々の集合

意味段落V「一つの相互行為はそれ自体で全体である」

19 ある人類学者はこう言っている。引用（われわれが《交易》や《貢納》と呼ぶほとんどすべてのものが、当時は供犠であった（サーリンズ『歴史の島々』、一一八ページ）。）具体例（たとえばフィジー諸島では、われわれが宗教と呼び、そのように理解しているものは存在しない。西欧や日本の現代社会では、宗教と商売は分離し、機能的に分化しているが、フィジー社会では一つの生活体系があるだけである。ここでは宗教と経済的取引は一体化している。

ルール2 同値関係

20 言い換えれば、一つの相互行為は、そのままで（われわれの言葉で言えば）宗教であり、また同時に経済的取引なのである。神々との交易を人は宗教的行為として分類し、人と人との交易を経済的行為（商売）と分類するだろうが、それは外部の者がおこなう知的分解である。

21 なんでもいりまじっているというのではない。思想が混乱しているわけでもない。一つの相互行為のなかに種々の交易が分離しないで、しかも当事者には十分に区別して意識されながら、共存しているのである。これは宗教で、あれは経済だとはいえない。サーリンズがあげた例で言えば、供犠は宗教でもあり経済行為でもあるが、しかしそれらのどれでもないのである。）

ルール17 まとめ

22 こうした事態は、もはや［ Z ］の分離と結合の関係では否定まったくない。一つの相互行為はそれ自体で全体なのである。特定の相互行為の場面では、ある種のアスペクトが他のアスペク

Lesson 5

トよりも顕著になるというにすぎない。顕著にみえるアスペクトだけに注目して人は名づけをするのであるが、そしてその名づけは認識操作にとって役立つにしても、それはあくまで一種の作業仮説にすぎない。主張【人間が社会のなかで生きることを理解し認識するためには、「相互行為の相互行為」をそれ自体として把握するのでなくてはならない。】

本文要約

人間は自分の作った社会のなかで生き、そこでの相互行為を分解して名づけることによって世界と自己を理解しようとする。命名が固定化されると、それぞれが自立したものだと思い込んでしまうが、一つの相互行為には他の相互行為が介在しており、それ自体で全体である。したがって、人間が社会のなかで生きることを理解し認識するためには、「相互行為の相互行為」をそれ自体として把握する必要がある。

重要語句

- □ 11 重層的（じゅうそうてき）＝いくつもの層をなしているさま
- □ 18 認識（にんしき）＝ものごとを理解すること
- □ 34 尺度（しゃくど）＝判断の規準や目安
- □ 54 符牒（ふちょう）＝印、符号
- □ 83 贈与（ぞうよ）＝ものを贈り与えること

読解マップ

意味段落Ⅰ「人間は、自分の作った『社会のなかで』生きる」（1～2）

人間は生きるために「社会」を作り、自分で作った「社会のなかで」生きる

＝ 人と人の「つきあい」、「共同体」

＝ 相互関係、相互行為、相互交渉あるいは交際

意味段落Ⅱ「人間は、相互行為を名づけることで自己理解を試みる」（3～10）

人間は社会のなかで相互行為をおこなう

← 相互行為の全体を部分に分割し、名づけることで、人間は世界と自己を理解する

意味段落Ⅲ「名づけ行為が習慣となることの危険性」（11～13）

名づけ行為が習慣という形で、権威をもち、人々を縛るとき、指示対象がそれだけで自立しているように人々は思い込む

＝ 個別的名づけの危険な性質

意味段落Ⅳ「一つの相互行為は他の相互行為を内在し表現する」（14～18）

一つの相互行為は他の相互行為を内在させており、表現している

具体例

贈与する行為は経済的行為に見えると同時に、宗教的、習俗規範的、政治的、儀式的行為でもある

意味段落Ⅴ「一つの相互行為はそれ自体で全体である」（19～22）

一つの相互行為はそれ自体で全体である

← 人間が社会のなかで生きることを理解し認識するためには、「相互行為の相互行為」をそれ自体として把握する必要がある

問1 空所補充問題 難易度★

≫ルール44→18ページ

ステップ1 空所を含む一文を分析する（W）

3 人間が社会生活をするとき、多種多様な相互行為をおこなうだろう。それらの行為は複合的であり、混在的であり、重層的である。〈単独的で単層的相互行為は〉むしろ W である。

「単独的で単層的相互行為は」が主部だとわかります。また、「むしろ」は二つのものを比較する際に用いられる表現なので、空所の前後から比べられているものを求めます。

ステップ2 解答の根拠をとらえる（W）

空所を含む一文の前には、社会における相互行為は「複合的であり、混在的であり、重層的である」とあります。これに対し、「単独的で単層的相互行為」はどのようなものだと言えるかを考えて解答を選びましょう。

それらの行為＝多種多様な相互行為＝複合的であり、混在的であり、重層的

↔ 対立関係

単独的で単層的相互行為＝むしろ W である

ステップ3 解答を決定する（W）

以上より、解答は②「例外的」となります。相互行為は複合的で混在的で重層的なので、単独的で単層的相互行為は例外的なものと考えられます。

ステップ1 空所を含む一文を分析する（Y）

14 ところで、いま述べた危険を回避するために、〈個々の相互行為に付与される個別の命名は広大な相互行為の集合の一部であることを忘れるなというだけでは〉 Y である。たしかに部分が全体の一部であることを忘れないことはいいことかもしれないし、それを忘れないように注意深くあることも大切であるかもしれない。しかしたとえそれを忘れないにしても、部分を固定し続けることには変わりない。ここで問題にしようとしている事態は、複数の部分領域が寄り集まって全体的集合を作るといったことではない。

15 いわゆる部分はそれだけで自足できないように本性的にできていること、あるいは部分と全体という用語をとりあえず使用するなら、いわゆる部分はすでにそれだけで全体的なのである。

「個々の相互行為に付与される個別の命名は広大な相互行為の集合の一部であることを忘れるなというだけでは」が主部だとわかります。

空所が「だけでは」の後にあることから、何らかの不足を表すような言葉が正解になることを予測しつつ、空所の前後に解答根拠を求めます。

ステップ2 解答の根拠をとらえる (Y)

部分が全体の一部であるというだけではなく、部分が全体と切り離せないことに注意する必要性が指摘されているのがわかります。

個々の相互行為に付与される個別の命名は広大な相互行為の集合の一部であることを忘れるなというだけでは [Y] である

←

部分を固定し続けることには変わりない

←

部分はすでにそれだけで全体的なのである

ステップ3 解答を決定する (Y)

以上より、解答は①「一面的」となります。相互行為を集合の一部であると考えるだけでは不足であるという意味になるのはこの選択肢です。

問2 空所補充問題 難易度★

≫ルール44→18ページ

ステップ1 空所を含む一文を分析する (X)

8 ……財の量の大小、それにともなう社会的威信の大小は、「階層制(ヒエラルヒー)」と呼ばれ、財と勢力の不平等に基づく権力の関係に対しては「[X]」の名前が与えられた

「財と勢力の不平等に基づく権力の関係」を表す名前が [X] に入ると読み取ることができます。

ステップ2 解答の根拠をとらえる (X)

「不平等に基づく関係」で、かつ「権力の関係」であることをポイントに、選択肢を検討しましょう。

「不平等に基づく関係」かつ「権力の関係」

＝ 同値関係

[X]

ステップ3 解答を決定する (X)

以上より、解答は③「支配と服従」となります。①「貧困と富裕」、④「上流と下流」は不平等に基づく関係といえますが、権力の関係としてより適切なのは③になります。②「政治と宗教」は不平等に基づく関係ではなく、⑤「供犠と政治」は不平等に基づく関係でも権力の関係でもなく誤りです。

ステップ1 空所を含む一文を分析する (Z)

21 ……一つの相互行為のなかに種々の交易が分離しないで、しかも当事者には十分に区別して意識されながら、共存しているのである。これは宗教で、あれは経済だとはいえない。サーリンズが

あげた例で言えば、供犠は宗教でもあり経済行為でもあるが、しかしそれらのどれでもないのである。

22 〈こうした事態は〉、もはや Z の分離と結合の関係ではまったくない。一つの相互行為はそれ自体で全体なのである。

「こうした事態は」が主部だとわかります。「こうした」の指示対象を前の段落に求めます。

ステップ2 解答の根拠をとらえる（Z）

前の段落では相互行為のなかに様々な種類の交易が共存していることが説明されています。また、空所を含む一文の次の文でも、相互行為がそれ自体で全体であるとして、同じ内容が説明されています。

こうした事態＝一つの相互行為のなかに種々の交易が共存していること

＝ 同値関係

もはや Z の分離と結合の関係ではまったくない

＝ 同値関係

相互行為はそれ自体で全体である

ステップ3 解答を決定する（Z）

以上より、解答は④「部分と全体」になります。相互行為のなかに部分と全体が共存していることに当てはまるのはこの選択肢だけです。

問3 脱文補充問題 難易度★

≫ルール45→19ページ

ステップ1 脱文を分析する

〈どの個別的行為も〉、同時に他の行為でも「ある」。

脱文には「どの個別的行為」とありますが、本文にはその言葉自体は登場していません。ですが、「個別的」という言葉は13段落末から登場しています。また「個別的行為」が同時に「他の行為」でもあると述べられているため、「個別／他の行為」両方に言及している段落を探します。

ステップ2 前後の文とのつながりを確認する

「個別／他の行為」に近い内容に言及している箇所が、15段落の終わりにあることに気がつきましたか。「一つの相互行為」と「他の相互行為」です。対応関係を確認しましょう。

15 ……一つの相互行為はたしかに特定の領域の特質を際だって表現するのであるが、それは同時に他の相互行為を内在させており、他の相互行為をも表現しているのである。

ステップ3 解答の根拠をとらえる

どの個別的行為も、同時に他の行為でも「ある」

＝

一つの相互行為はたしかに特定の領域の特質を附与して表現するのであるが、それは同時に他の相互行為を内在させており、他の相互行為をも表現しているのである

ステップ4 解答を決定する

15段落の末尾の文は脱文とほぼ同じ内容になっているので、解答は⑤「第15段落」だと判断できます。他の選択肢では、ある行為が同時に他の行為でもあるという脱文の内容につながりません。

問4 傍線部内容説明問題 難易度★

≫ルール41→21ページ

ステップ1 傍線部を含む一文を分析する

3 ……われわれが経験するのは、そうした漠然たる行為の集合であるが、それに対して社会または共同体という名前を与えて、その種々の側面を説明するための努力がなされてきた。

4 それは、精密であろうと粗雑であろうと、努力であり、それを一般に学問または科学と呼ぶ。人間の自己理解の相互行為の巨大にして漠然とした集積に名前を与え、さらにその種々の側面にも種々の名前を与えたときから、人間の自己理解が始まっている。

ステップ2 解答の根拠をとらえる

一文に二度用いられている指示語「それ」の指示対象を、波線部を含む一文の前に求めます。

3段落の最後の一文から「それ」が指すものが「行為の集合」に「社会または共同体という名前を与えて、その種々の側面を説明するための努力」だということがわかります。

また、波線部を含む一文の次の一文では、名前を与えることが人間の自己理解の始まりとされています。

行為の集合に社会または共同体という名前を与えて、その種々の側面を説明するための努力

＝ 同値関係

人間の自己理解の努力

相互行為の集積に名前を与え、その種々の側面にも種々の名前を与えたとき

＝ 同値関係

人間の自己理解の始まり

ステップ3 解答を決定する

以上より、解答は③「相互行為の種々の側面に種々の名前を与えることから」となります。

〈その他の選択肢〉

①、②、⑤は名前を与えることを説明していないので誤りです。

④は「経験の集積に対して」が誤りです。名前は相互行為の集積に与えられます。

問5 傍線部内容説明問題 難易度★

≫ルール41→21ページ

ステップ1 傍線部を含む一文を分析する

13（具体例たとえば、ある種の相互行為を、いま生きている自分の経験から交換と名づけるとき、その経験内容が交換に付与され、そして固定されるとき、人は交換行為がどの地域でも、どの時代でも同じであったと思い込むようになる。もっと重大なことは、特定の相互行為、具体例たとえば交換は、経済的行為を意味するだけであって、そのなかには他の一切の相互行為は存在しないと信じるようになる。）〈これが〉＝個別的名づけの危険な性質である。

「これが」という指示語が主語であることがわかります。波線部を含む一文より前に、指示対象を求めます。

ステップ2 解答の根拠をとらえる

13段落では、名づけられた行為がどの地域・時代でも同じだったという思い込みが生まれる可能性を指摘した後で、「もっと重大なこと」として、特定の相互行為のなかに他の相互行為は存在しないと信じるようになることが個別的名づけの危険な性質とされています。

もっと重大なこと
＝ 同値関係
特定の相互行為のなかに他の相互行為は存在しないと信じるようになること
＝ 同値関係
個別的名づけの危険な性質

ステップ3 解答を決定する

以上より、解答は⑤「ある名前から想起されることが限られ、それ以外の相互行為は一切存在しないと信じるようになること」になります。特定の相互行為とその他の相互行為との関連について述べているのはこの選択肢です。

〈その他の選択肢〉

① ある名前が慣習的に共有されていた意味からずれていくこと　本文にない

② ある名前の使用が習慣化することにより権威がなくなっていくこと　本文と反対（12段落）

③ 命名を固定化してそれ以外の意味が想起されることがないようにすること　本文にない

④ ある名前がどの地域でも時代でも同じような意味で使われていると思い込むようになること

④は13段落の前半と一致していますが、設問文は「筆者が最も危険だと感じていること」を選ぶことを求めているので、「もっと重大なこと」以外の内容を含む⑤が正解です。

問6 傍線部内容説明問題 難易度★

≫ルール41→21ページ

ステップ1 傍線部を含む一文を分析する

15 いわゆる部分はそれだけで自足できないように本性的にできていること、あるいは部分と全体という用語をとりあえず使用するなら、いわゆる部分はすでにそれだけで全体的なのである。部分が全体的であるというのは、部分が自立化するということではない。一つの相互行為はたしかに特定の領域の特質を際だって表現するのであるが、それは同時に他の相互行為を内在させており、他の相互行為をも表現しているのである。

16 (具体例 一見したところで、経済的行為に見えるとしても、それは同時に政治的であり、法/権利的であり、宗教的あるいは儀礼的であり、審美的である、等々。)〈相互行為とは〉、人間と人間の相互行為、人間と自然の相互行為である ばかりでなく(並列関係)、=相互行為の相互行為でもある。行為の相関関係は、相依相待(そうえそうたい)関係であるとも言えるが、そうした相関関係は、分離した部分と部分がふたたび結合するという関係 ではなくて、一つの行為において、その行為を舞台にして、複数の行為が同時的に集積している状態であり、ある相互行為においてはある種の生活様式が重点的に際だつというにすぎない。

「相互行為とは」が主語であることがわかります。また、「AだけでなくBも」という並列・累加・添加のフレームが使われているので、「人間と人間の相互行為、人間と自然の相互行為」とは別の相互行為の説明を波線部の前後に求めます。

ステップ2 解答の根拠をとらえる

16段落の冒頭は15段落の具体例になっています。15段落では、部分はそれだけで全体的であり、一つの相互行為は同時に他の相互行為を内在させ、表現しているとされています。そして、それが波線部の次の一文では、一つの行為のなかに複数の行為が同時的に集積していると言い換えられています。

部分はそれだけで全体的であり、一つの相互行為は同時に他の相互行為を内在させ、表現している

= 同値関係

相互行為とは、相互行為の相互行為でもある

= 同値関係

一つの行為のなかに複数の行為が同時的に集積している

ステップ3 解答を決定する

以上より、解答は③「一つの相互行為は同時に他の相互行為を内在させており、他の相互行為をも表現している。」になります。

〈その他の選択肢〉

① いわゆる部分はそれだけで自足できないようにできている。
「相互行為」の説明

② 一つ一つの相互行為は部分を形作り、それが寄り集まって全
16段落で否定されている

体となる。

④ ある相互行為が特定の領域の特質を際だたせることで、他の特定の相互行為とつながっている。（本文にない）

⑤ 一つの相互行為が必然的に経済的、政治的、法的、宗教的、儀礼的、審美的な連鎖を起こしていく。（本文にない）

問7 内容真偽問題 難易度★

»ルール47→37ページ

ステップ1 本文を通読し、意味段落分けをする

「本文解説」参照

ステップ2 選択肢を分析する ①

①の選択肢の命名について説明されている3～14段落を確認しましょう。

ステップ3 解答の根拠をとらえる ①

14段落に「個々の相互行為に付与される個別の命名は広大な相互行為の集合の一部である」とあるので、①は本文と合致しています。

ステップ2 選択肢を分析する ②

②の選択肢の共同体の形成については1～2段落で説明されているので、確認しましょう。

ステップ3 解答の根拠をとらえる ②

1～2段落では、「取引」が共同体を形成するとはされていません。5段落には「取引」という言葉が使われていますが、これは「相互行為」に対する名づけの具体例の一つなので、「取引」が共同体を形成するとは言えません。②は本文と合致しません。

ステップ2 選択肢を分析する ③

③の選択肢の際だった生活様式に対する名づけについては15、22段落で説明されているので、確認しましょう。

ステップ3 解答の根拠をとらえる ③

22段落に「顕著にみえるアスペクトだけに注目して人は名づけをする」とあるので、③は本文と合致しています。

ステップ2 選択肢を分析する ④

④の選択肢の「交換」については5～8、13段落で説明されているので、確認しましょう。

ステップ3 解答の根拠をとらえる ④

13段落に「ある種の相互行為を、いま生きている自分の経験から交換と名づけるとき、その経験内容が交換に付与され、そして固定されるとき、人は交換行為がどの地域でも、どの時代でも同じであったと思い込むようになる」とありますが、筆者はこれを名づけによる危険なこととして否定しているので、④は本文と合致しません。

ステップ2 選択肢を分析する（⑤）

⑤の選択肢の贈与については7、17段落で説明されているので、確認しましょう。

ステップ3 解答の根拠をとらえる（⑤）

17段落に「そこでは他人に何かを贈与するという相互行為は、事物の交換にみえるとしても、けっして経済交換につきるのではなくて、それはそのまま宗教的、習俗規範的、政治的、儀式的、等々の集合なのである」とあるので、⑤は本文と合致しています。

ステップ2 選択肢を分析する（⑥）

⑥の選択肢のフィジー社会については19～21段落で説明されているので、確認しましょう。

ステップ3 解答の根拠をとらえる（⑥）

19段落の内容を言い換えている20段落に「神々との交易を人は宗教的行為として分類し、人と人との交易を経済的行為（商売）と分類するだろうが、それは外部の者がおこなう知的分解である」とあるので、⑥は本文と合致しています。

ステップ4 解答を決定する

以上より、解答は②・④となります。「合致しないもの」を「二つ」選ぶことに注意しましょう。

Lesson 6

解答・解説

▼問題 別冊59ページ

このレッスンで出てくるルール

ルール31 読解「心情」をとりまく原因や結果を押さえる！

ルール33 読解 直接導けない「心情」は「特殊事情」を読み取る！⇒問3

ルール32 読解「心情の変化」を見逃さない！

ルール49 解法 心情把握問題は「解答へのステップ」で解く！⇒問3

解答

問1 A ①　B ⑥　C ⑪　D ④　E ⑧　F ⑩

問2 ③

問3 （例）江美利の悩みが恋愛経験がないゆえの妙な考えだったから。（27字）

問4 （例）人生という期間では、恋愛よりも悔いのない生き方の方が重要だと思うが、今という瞬間では、恋愛が成就すれば悔いのない時間を過ごせると思ったから。（70字）

出典：三浦しをん「てっぺん信号」

意味段落Ⅰ「学校を飛びだして老人ホームを訪れた江美利」

《鞄もお金も持たず、身ひとつで学校を飛びでてきてしまった江美利は》、どうしたものか躊躇した。施設内にもぐりこみ、「モールス信号を発していたかたはいませんか」と聞いてまわる度胸はとてもなかった。だいいち、聞いたところでどうなる。「わたしです」「あ、そうですか」以上に会話が発展する余地はないだろう。

強い光に射られ、江美利はびっくりして目を閉じた。

〈篠原〉「あんた、もしかしてこれに気づいた?」

しわがれた声が降ってくる。おそるおそるまぶたを開ける。屋上の柵に老女がもたれ、江美利を見下ろしていた。光は老女の手もとから発されたようだ。輝くなにかを握っているのがわかる。

〈篠原〉「上がってきな。受付で、篠原の孫だって言えばいいから」

江美利の感じた躊躇は、最前よりも大きなものだった。老女はにこやかだが、遠目にもド派手だと見て取れる風体だったからだ。うかうかと近づいて大丈夫だろうか。

ルール31 心情【ふだんの江美利だったら、すぐさま坂を下りるところだが、いまの江美利はなげやりだ。こ

≫ルール31 読解 「心情」をとりまく原因や結果を押さえる!

小説や随筆などの文学的文章では「心情」を中心とした「あらすじ」をとらえる必要があります。心情表現に注意するとともに、「なぜその心情になったのか（原因）」「その心情によって、どういう行動や反応や発言をしたのか（結果）」というところを押さえながら読んでいくと、「あらすじ」がつかめます。

「心情」のフレーム

原因 心情が発生する原因となった事態や事情

↓

心情

↓

結果 心情の結果としての行動や反応や発言

わいものなしだ。】【（結果）自動ドアをくぐり、受付奥の事務所にいた職員に「（〈江美利〉）こんにちは、篠原の孫です。いつもお世話になってます」と堂々と声をかけ、カウンターにあった「お客さま名簿」に「武村江美利　一名」と記入し、横になったままでも乗れるほど奥行きのあるエレベーターに向かう。】「R」のボタンを押し、エレベーターのドアがゆっくり閉まったところで、江美利はため息をついた。

1 信じられない。なにをしてるんだろう。

意味段落Ⅱ「派手な姿の老女（篠原）との対面」

屋上に到着すると、篠原というらしい老女が仁王立ちで待ちかまえていた。2 信じられない、と江美利はまた思った。

老人の年齢は往々にしてよくわからないものだが、篠原は七十代後半ぐらいではないかと思われた。にもかかわらず、スカートは赤いラメのスパンコールがびっしりついたマーメイドライン、セーターは明るい紫と緑の横縞（よこじま）で、真っ黄色のフェイクファーのロングコートを羽織っている。化粧がこれまたすごくて、目ばりはばっちり、つけまつげも二枚は重ねているうえに、頬紅もうっすら差し、唇にはつやつやした赤いグロス、眉毛（まゆげ）は往年のハリウッド女優のように虫の触角じみた細さだ。

目がちかちかする。ただ、頭と足もとだけは常識（というか良識）の範囲内なのが救いで、

原因
憧れの奥井先輩と親友のしづくがつきあっていることを知った

←

心情
・なげやり
・こわいものなし

←

結果
「篠原の孫です」と偽って、老人ホームに入る

≫ルール33 読解 直接導けない「心情」は「特殊事情」を読み取る！

「心情」の原因を直前に求めても、「なぜその心情になったのかわからない」という場合があります。この場合は登場人物に特殊な事情があるのではないかと考えましょう。「特殊事情」は「心情」の後ろに書いてあることも多く、セリフや心中文や過去の回想シーンなどにあります。

銀髪に近い白髪はひっつめて首のうしろでお団子にし、健康サンダルと灰色の毛糸の靴下を履いている。

江美利が篠原の全身に視線を走らせたのと同じように、篠原も江美利を上から下まで眺めて言った。

〈篠原〉「どこの学校だい」

〈江美利〉「S学院高等部一年、武村です」

江美利という名は名乗らずにおいた。地味でブスなのにエミリ？　と笑われるのがいやだった。

ふん、と篠原が鼻を鳴らした。なにかが不快だったのか、バカにしたのか、単なる相槌(あいづち)なのか、江美利は判断に迷った。居心地が悪くてしょうがない。知りたかったことをさっさと尋ね、早く帰ろうと思った。

〈江美利〉「あのー。【モールス信号で『元気ですか？』って言ってたの、あなたですか】(原因A)」

〈篠原〉「そうだよ。ここに入居してあんまり暇だったから、独学で習得したんだ」

〈江美利〉「無線をするわけでもないのにですか？」

〈篠原〉「暇をつぶせるなら、なんでもいい」

篠原は細い眉を吊(つ)りあげた。笑ったようだった。

〈篠原〉「もう二年ぐらい、気が向いた日に発信してたけど、ここまで来たのはあんたがはじめて」

原因A

「元気ですか？」という呑気なモールス信号を見た

＋

原因B（**特殊事情**）

しづくの裏切り（＝憧れの奥井先輩とつきあっていること）を知った

←

心情

・怒り
・元気じゃない
・いらいら

←

結果（**発言**）

「授業中に気が散るので、やめてもらえませんか」

ルール33 原因B
【しづくの裏切りを思い出し、江美利は怒りを燃料に勇気を燃やした。】

〈江美利〉結果
【「授業中に気が散るので、やめてもらえませんか」】

いつもなら、こんなことは絶対に言えない。【〈江美利〉心情「それに私、ちっとも元気じゃないんです。そんなときに呑気な信号を見ると、いらいらするから」】

〈篠原〉「元気そうに見えるけどねえ」

篠原はあきれたのか寒いのか、ちょっと肩をすくめた。コートのポケットから煙草を取りだし（江美利には銘柄はわからない）、掌で囲うようにしてライターで火をつける。

白い煙が流れてくる。ほのかに甘い香りがした。

篠原はポケットに煙草を戻すついでに、今度は携帯電話を引っ張りだした。ダイヤモンドみたいなスワロフスキーのラインストーンが、旧式の二つ折り携帯の表面にびっしり貼りつけてある。ストラップもS学院の女子生徒顔負けで、ビーズ製からちりめんの小さな金魚まで、五本ぐらいぶらさがっている。さらに篠原の手も派手で、長くのばして先端をとがらせた爪には、丁寧にネイルアートが施されていた。色（ちなみに金色）がただ塗ってあるだけでなく、紫の立体的な花までついているのだから、爪というより精緻な細工物の域に達している。

ルール32 変化の原因
【片手で煙草を吸いながら、篠原は二つ折り携帯をもう片方の手で振り開け、メールを打ちだした。】【心情 しづくより速い、と江美利は感嘆した。】片手しか使っていないのに、指が八本ぐらいあるように見える。

≫ルール32 読解
「心情の変化」を見逃さない!

登場人物の心情は常に一定とは限りません。あることをきっかけとして「変化」していくことがあります。その「心情の変化」はあらすじの上でとても重要なので、きちんととらえられるようにしておきましょう。心情は「プラス心情からマイナス心情へ」あるいは「マイナス心情からプラス心情へ」のように反対の性質のものへと変化します。

「心情の変化」のフレーム

心情A 変化する前の心情
←
変化の原因
←
心情B 変化した後の心情

心情A
・怒り
・いらいら
←
変化の原因
篠原は二つ折り携帯をもう片方の手で振り開け、メールを打ちだした

〈江美利〉「メル友、いるんですね」

〈篠原〉「そりゃあ、ここに入居してる年寄りのなかにも、携帯持ってるひとはいるから。この金魚も、ばあさん友だちが作ってくれたんだよ」

篠原は携帯ごとストラップを振ってみせた。〈篠原〉「でも、いまはメモしてるだけ。あたしは日記をつけてるんだけど、あんたが来たことを書いとかないと。夜までに忘れちゃいけないからね」

江美利は少しずつ篠原に接近し、さりげなく画面を覗(のぞ)きこんだ。サイズの大きな文字で、「えすがくいん　たけむらさん　モールスで来る」と表示されていたが、篠原は老眼らしく、腕を最大限のばした恰好(かっこう)でボタンを連打した。そのたびに、デコレーションされた携帯電話が午後の光を反射する。

意味段落Ⅲ　「篠原のことをうらやましく思う江美利」

そうか、きらっきらの携帯を利用して、モールス信号を発信してたのか。原因【謎が解けた。】ルール31 心情【江美利は少し気が晴れ、】結果【屋上の手すりに歩み寄った。】

〈江美利〉「うわあ」

海と川と山、江美利の住む小さな町が一望にできる。家があるのは、あの山のあたりだろうか。S学院の校舎は、川と県道を挟んでちょうど正面。一年B組の教室の窓はどれだろう。本

←**心情B**
感嘆した

ルール31 読解
「心情」をとりまく原因や結果を押さえる！
→93ページ

原因
モールス信号の謎が解けた
←
心情
少し気が晴れた
←
結果
屋上からの景色に別世界を見た

来だったら座っていなきゃならない場所を、遠くから眺めているのは妙な気分だ。死後の世界から生者の世界を覗き見ているみたいだ。

では、ここは来世ということか。丘のうえにある、老人ばかりが住む白い建物。

江美利はこっそり振り返り、未だ携帯電話と向きあったままの篠原を眺めた。篠原の姿は、愛敬のある悪魔のようにも、毒気まんまんの天使のようにも、江美利の来世の姿のようにも見えた。

いや、来世ではなく、年月を経た生き物がなるべくしてなる貴い形態なのかもしれない。

原因A【センスの善し悪し。人形みたいにきれいか冴えないブスか。そんなのはすべて、あと五十年もしたらどうでもいいことになる気がした。生きているかぎり、だれもが年を取る。男も女も、モテるモテないも関係ない、しわくちゃの混沌と化す。】

結果【うらやましい、と江美利はつぶやく。】心情【しわくちゃの混沌と化し、しかし自分の好きなもので身を飾っている篠原が、このうえなく X 存在に思えたからだ。】

意味段落Ⅳ「篠原に『コイバナ』をする江美利」

〈篠原〉「冷えてきたね」

篠原はメモを打ち終わったらしい。携帯をポケットにしまい、江美利の背中を軽く叩いてうながした。

ルール33 読解 直接導けない「心情」は「特殊事情」を読み取る!

→94ページ

原因A
篠原はセンスの善し悪しも、男も女も、モテるモテないも関係ない、しわくちゃの混沌と化している

＋

原因B（特殊事情）
江美利は地味でブスなのを気にしたり、しづくと奥井先輩の関係に傷ついたりしている

↓

心情
篠原が何にもこだわらないで生きていて、うらやましい

↓

結果（発言）
うらやましい、と江美利はつぶやく

〈篠原〉「あたしの部屋でお茶でも飲んでく?」
〈江美利〉「いえ、帰ります。鞄を学校に置いてきちゃったから」
少し残念そうな表情だったが、篠原は江美利を引き止めようとはしなかった。一緒にエレベーターに乗りこみ、エントランスまでついてくる。
〈篠原〉「ま、よかったらまた来てよ」
と、篠原はエントランスで言った。〈篠原〉「ジジババばっかりで退屈してるんで」
自分だっておばあさんのくせにと思ったけれど、江美利はもちろん顔には出さず、〈江美利〉「はい」
と答えた。
〈篠原〉「そうだ、あんたどうして元気じゃないの? そうは見えないけど不治の病?」
〈江美利〉「ちがいます。友だちに裏切られたんです」
〈篠原〉「裏切り! コイバナの予感」
慣れない口調で「コイバナ」と言った篠原は、炯々(けいけい)たる眼光でにじり寄ってきた。〈篠原〉「大好物だから詳しく聞かせて。じゃないと明日から、よりいっそう執拗(しつよう)にモールス信号送るからね。あんたの成績下がるぐらいぴかぴかさせるよ」
カウンターの奥から、職員が江美利と篠原を見ている。微笑(ほほえ)みを絶やしてはいないが、エントランスで押しあいへしあいするさまを不審がっているのは明らかだ。江美利はしかたなく、かたわらにあったベンチに篠原を座らせ、自分も隣に腰を下ろした。今日判明した事実について順を追って説明する。篠原は興味深そうに聞いている。

江美利は説明の最後をこう締めくくった。

〈江美利〉原因A【「しづくは、かっこいい奥井先輩にふさわしい。本当にそう思ってるし、納得したいんだけど、悔しいんです」】

哀（かな）しくもある。怒りも嫉妬も落胆もある。いままで知らなかった質量で暗黒の感情が胸を満たす。

篠原はといえば、水気のないしわだらけの手で自分の顔をこすった。肩がかすかに震えている。まさか、同情して泣いてくれたのかと思ったが、もちろんそんなことはなく、【3 結果 篠原は笑っているのだった。】

〈篠原〉「あんたねえ」

ようやく笑いの発作が治まったのか、篠原は両手を膝に下ろした。

〈篠原〉ルール33 原因B【「だれかと交際したことないでしょう」】

いまの話を聞いていたらわかるはずだ。江美利は答えずにいた。

〈篠原〉ルール33 原因B【「だからそういう妙な考えに取り憑（つ）かれる」】

と、篠原は断定した。〈篠原〉「美男美女同士しか交際できなかったら、人類はとっくに滅亡してるよ。あんたの友だちが先輩とつきあえることになったのは、あんたより美人だからじゃない。タイミングがよかったか、あんたの友だちがあんたに隠れてぐいぐい先輩に迫ってたか、どっ

≫ルール33 読解 直接導けない「心情」は「特殊事情」を読み取る！

→94ページ

原因A
江美利はしづくと奥井先輩の関係に傷ついている

＋

原因B（特殊事情）
江美利の悩みは恋愛経験がないがゆえの妙な考えだ

→ **心情**
かわいらしい

→ **結果（反応）**
篠原は笑った

≫ルール31 読解 「心情」をとりまく原因や結果を押さえる！

→93ページ

原因
「たぶんすぐ別れるから、そうしたら間隙をついてあんたが先輩に告白しなさい」

→ **心情**
少し気分が上向きになった

→ **結果**

ちかです」

〈江美利〉「しづくは、奥井先輩に告白されたって言ってましたけど……。奥井先輩と、ほとんど話したこともなかったはずなのに」

〈篠原〉「それはねえ、容姿が秀でてれば、たしかにそういうこともあるだろうけどねえ」

夢も希望もない。うちひしがれる江美利の肩に、篠原がやさしく手を置いた。

〈篠原〉「大丈夫、顔が好みでも性格が合うとはかぎらない！【原因 たぶんすぐ別れるから、そうしたら間隙をついてあんたが先輩に告白しなさい」】

なんだか火事場泥棒みたいで、江美利のプライドが許さない。でも、（ルール31）【心情 少し気分が上向きになった。】【結果 江美利は立ちあがり、親身になってくれたのだろう篠原に礼を言った。】会ったことのない祖母とは、こういう存在であろうかと思った。

そういえば篠原は、濃すぎる化粧のせいで国籍不明感がある。フランス人の祖母だと言われても、江美利の疑惑のなかのみで生きる架空の日本人祖母ですと言われても、「そうですか」とすんなり受け入れてしまえそうだ。

篠原もベンチから立ち、江美利とともに自動ドアを出た。

〈江美利〉「じゃあ、さよなら」

〈篠原〉「うん、またね」

ややちぐはぐな挨拶を交わし、距離を広げていく江美利と篠原だ。ところが敷地内を八歩ほ

江美利は立ちあがり、親身になってくれたのだろう篠原に礼を言った

≫ルール40 読解 発展 「相反する心情」はそれぞれの原因をとらえる！

小説の登場人物は時として相反する心情を同時に抱くことがあります。その場合はそれぞれの心情に原因があるので、それぞれの因果関係をとらえましょう。

原因A
篠原から「一番の問題は、恋愛よりも、悔いのない、だれに恥じることもない生きかたを死ぬまでできるかどうかだ」と言われた

←

心情A
そんなような気もする

↔

原因B
奥井先輩とつきあえれば、悔いのない幸せな時間を過ごせるのにという思いも拭いがたくある

←

心情B
よくわからない

ど進んだところで、

〈篠原〉「エミリ」

と篠原に呼び止められた。名乗った覚えはないのにと驚いて振り向くと、篠原はいたずらっぽく笑っている。

〈篠原〉「たいがいのひとは交際も結婚もいつかできるものだから、あせんなくていいよ」

〈江美利〉「いつまで経(た)ってもできなかったら、どうするんですか」

〈篠原〉「そのころには諦めもついているから、問題ない」

篠原は急に真剣な顔つきになって、言葉をつづけた。【〈篠原〉原因A「そんなことより一番の問題は、悔いのない、だれに恥じることもない生きかたを死ぬまでできるかどうかだと思うんだけど、ちがう？」】

ルール40 心情A 4【そう言われれば、そんなような気もする。】ルール40 心情B【でも江美利にはよくわからない。】【原因B 奥井先輩とつきあえれば、悔いのない幸せな時間を過ごせるのにという思いも拭いがたくあるからだ。】

とりあえず篠原に軽く手を振り、江美利は「ルミエール聖母の丘」の門を出て、坂道を下っていった。

本文要約

老人ホームから発せられるモールス信号に気づいた江美利は、発信者の篠原と出会う。はじめは派手な格好をしている篠原にとまどった江美利だが、年を取って自由に生きているように見える篠原の姿に次第に羨望を感じるようになる。江美利が親友と憧れの先輩がつきあい始めたことを篠原に話すと、篠原は江美利を励まし、死ぬまで悔いのない生きかたができることの重要性を語るが、江美利はすぐには納得できない。

重要語句

□1 躊躇(ちゅうちょ)＝ためらうこと
□87 混沌(こんとん)＝区別のはっきりしないさま
□104 炯々(けいけい)＝目などが鋭く光るさま
□134 火事場泥棒(かじばどろぼう)＝他人のごたごたに乗じて利益を得ること

読解マップ

意味段落Ⅰ　「学校を飛びだして老人ホームを訪れた江美利」

「江美利」の心情

原因　憧れの奥井先輩と親友のしづくがつきあっていることを知った

心情　なげやり／こわいものなし

結果　（老人ホームの屋上にいた老女に言われるままに）「篠原の孫です」と偽って、老人ホームに入る

意味段落Ⅱ　「派手な姿の老女（篠原）との対面」

「江美利」の心情

原因A　「元気ですか？」という呑気なモールス信号を見た

原因B（特殊事情）　しづくの裏切りを知った

心情　怒り／元気じゃない／いらいら

結果　「授業中に気が散るので、やめてもらえませんか」と篠原に伝える

意味段落Ⅲ　「篠原のことをうらやましく思う江美利」

「江美利」の心情

原因A　篠原はしわくちゃの混沌と化しているが、好きなもので身を飾っている

原因B（特殊事情）　江美利は自分を地味でブスだと思って気にしたり、しづくと奥井先輩の関係に傷ついたりしている

心情　篠原がうらやましい

結果　うらやましい、と江美利はつぶやく

意味段落Ⅳ　「篠原に『コイバナ』をする江美利」

「篠原」の心情

原因A　江美利はしづくと奥井先輩の関係に傷ついている

原因B（特殊事情）　江美利の悩みは恋愛経験がないがゆえの妙な考えだ

心情　江美利をかわいらしいと思う

結果　篠原は笑っている

「江美利」の相反する心情

原因A　「一番の問題は、恋愛よりも、悔いのない、だれに恥じることもない生きかたを死ぬまでできるかどうかだ」と篠原から言われた

心情A　そんなような気もする

⇔

原因B　奥井先輩とつきあえれば、悔いのない幸せな時間を過ごせるのにという思いも拭いがたくある

心情B　よくわからない

問1 空所補充問題　難易度★

≫ルール44→18ページ

ステップ1 空所を含む一文を分析する（1）

傍線部1＝［A］の［B］な［C］に対して「信じられない」と思った。

空所に当てはまる内容を、傍線部1の周辺に求めます。

ステップ2 解答の根拠をとらえる（1）

江美利の感じた躊躇は、最前よりも大きなものだった。老女はにこやかだが、遠目にもド派手だと見て取れる風体だったからだ。うかうかと近づいて大丈夫だろうか。

ふだんの江美利だったら、すぐさま坂を下りるところだが、いまの江美利はなげやりだ。こわいものなしだ。自動ドアをくぐり、受付奥の事務所にいた職員に「こんにちは、篠原の孫です。いつもお世話になってます」と堂々と声をかけ、カウンターにあった「お客さま名簿」に「武村江美利　一名」と記入し、横になったままでも乗れるほど奥行きのあるエレベーターに向かう。「R」のボタンを押し、エレベーターのドアがゆっくり閉まったところで、江美利はため息をついた。

1信じられない。なにをしてるんだろう。

江美利が「信じられない」と感じているのは、篠原の招きに応じて嘘(うそ)までつきながら老人ホームの中に入る自分の行動のことだということがわかります。

江美利は、こわいものなしで、篠原の孫を自称して老人ホームに入って屋上に向かう

↓

信じられない。なにをしてるんだろう

ステップ3 解答を決定する（1）

以上より、解答はA＝①「自分」、B＝⑥「大胆」、C＝⑪「行動」となります。誰の、どんな、何に対して信じられないと思っているのか見抜くことを意識しましょう。

ステップ1 空所を含む一文を分析する（2）

傍線部2＝［D］の［E］な［F］に対して「信じられない」と思った。

傍線部1の場合と考え方は同じです。今度は傍線部2の周辺から解答の根拠を探します。

ステップ2 解答の根拠をとらえる（2）

屋上に到着すると、篠原というらしい老女が仁王立ちで待ちかまえていた。

2信じられない、と江美利はまた思った。

老人の年齢は往々にしてよくわからないものだが、篠原は七十代後半ぐらいではないかと思われた。にもかかわらず、スカートは赤いラメのスパンコールがびっしりついたマーメイドライン、セーターは明るい紫と緑の横縞で、真っ黄色のフェイクファーのロングコートを羽織っている。化粧がこれまたすごくて、目ばりはばっちり、つけまつげも二枚は重ねているうえに、頬紅もうっすら差し、唇にはつやつやした赤いグロス、眉毛は往年のハリウッド女優のように虫の触角じみた細さだ。目がちかちかする。

江美利が「信じられない」と感じているのは、目がちかちかするくらい派手な篠原の外見のことだということがわかります。

篠原の外見

- **赤いラメのスパンコールがついたマーメイドラインのスカート**
- **明るい紫と緑の横縞のセーター**
- **真っ黄色のフェイクファーのロングコート**
- **ばっちりした目ばり　・つけまつげ二枚　・頬紅　・赤いグロス**
- **ハリウッド女優のように細い眉毛**

←

信じられない、と江美利はまた思った

ステップ3 解答を決定する（2）

以上より、解答は**D**＝④「篠原」、**E**＝⑧「派手」、**F**＝⑩「外見」となります。

問2 空所補充問題

難易度★

≫ルール44→18ページ

ステップ1 空所を含む一文を分析する

……篠原の姿は、愛敬のある悪魔のようにも、毒気まんまんの天使のようにも、江美利の来世の姿のようにも見えた。

いや、来世ではなく、年月を経た生き物がなるべくしてなる貴い形態なのかもしれない。

センスの善し悪し。人形みたいにきれいか冴えないブスか。そんなのはすべて、あと五十年もしたらどうでもいいことになる気がした。生きているかぎり、だれもが年を取る。男も女も、モテるモテないも関係ない、しわくちゃの混沌と化す。

うらやましい、と江美利はつぶやく。しわくちゃの混沌と化し、しかし自分の好きなもので身を飾っている篠原が、このうえなく［X］存在に思えたからだ。

「しわくちゃの混沌と化し、しかし自分の好きなもので身を飾っている篠原」について「［X］存在」と表しているとわかります。空所の前後の文章から、江美利が篠原にどんな印象を持っているかを求めます。

ステップ2 解答の根拠をとらえる

年を取ることで、センスや容姿の善し悪しを気にしないでいられれるようになった篠原の姿に江美利が貴さやうらやましさを感じていることがわかります。

篠原
＝ 同値関係
年月を経た生き物がなるべくしてなる貴い形態
↓
センスや容姿の善し悪しなどどうでもいい
↓
うらやましい

ステップ3 解答を決定する

以上より、解答は③「自由な」となります。センスや容姿の善し悪しといった評価を気にせずに生きていられるという点を押さえているのはこの選択肢です。

〈その他の選択肢〉

①「悪魔のような」、④「天使のような」という表現は意味段落Ⅲにありますが、「悪魔のような」「天使のような」は、センスや容姿の善し悪しを気にしない篠原の具体的な様子を表しています。 X には篠原についてまとめとなるような表現が入るべきなので、ここでは誤りと判断できます。②「きれいな」、⑤「身勝手な」、⑥「モテる」などは本文と矛盾するため誤りです。江美利がうらやましく思っているのは、そのような評価に縛られずに生きる篠原の姿です。

問3 心情把握問題

難易度★★

≫記述ルール→7ページ

≫ルール49 解法 心情把握問題は「解答へのステップ」で解く！

心情把握問題の解答へのステップ

ステップ1 傍線部を含む一文を分析する
「主語（部）」や「接続表現」、「わかりにくい表現」＝「指示語」「比喩表現」「個人言語」を押さえます。

ステップ2 解答の根拠をとらえる
ステップ1で押さえた「主語（部）」などを手がかりに、登場人物の「心情」やその「原因」、心情の「結果」をとらえます。

ステップ3 解答を決定する
ステップ2でとらえた根拠をもとに解答を決めます。

ステップ1 傍線部を含む一文を分析する

江美利は説明の最後をこう締めくくった。
「しづくは、かっこいい奥井先輩にふさわしい。本当にそう思ってるし、納得したいんだけど、悔しいんです」
哀しくもある。怒りも嫉妬も落胆もある。いままで知らなかった質量で暗黒の感情が胸を満たす。
篠原はといえば、水気のないしわだらけの手で自分の顔をこすった。肩がかすかに震えている。まさか、同情して泣いてくれ

たのかと思ったか　もちろんそんなことはなく　〈篠原は〉笑っ
ているのだった。

傍線部の主語は「篠原は」だとわかります。また、「笑っている」という描写から、篠原の「心情」は喜んだりおもしろがったりしているものと推測できます。この問題で問われているのは「原因」なので、傍線部の前後から篠原を笑わせた事態・事情を求めます。

ステップ2 解答の根拠をとらえる

意味段落Ⅳから、篠原が笑った「原因」は江美利から失恋の話を聞いたことだとわかります。しかし、失恋の話を聞いて一緒に悲しんだり、慰めたりしてくれるならわかりますが、笑うのはなぜなのかよくわかりませんね。このように、「原因」から「心情」が導けない場合は、「特殊事情」を探します。

≫ルール33 読解
直接導けない「心情」は「特殊事情」を読み取る！
→94ページ

ようやく笑いの発作が治まったのか、篠原は両手を膝に下ろした。「だれかと交際したことないでしょう」

いまの話を聞いていたらわかるはずだ。江美利は答えずにいた。

「だからそういう妙な考えに取り憑かれる」

と篠原は断定した。「美男美女同士しか交際できないなら、人類はとっくに滅亡してるよ。あんたの友だちが先輩とつきあえることになったのは、あんたより美人だからじゃない。タイミングがよかったか、あんたの友だちがあんたに隠れてぐいぐい先輩に迫ってたか、どっちかです」

傍線部の後の文章を確認すると、美人ではないから奥井先輩とつきあえないという江美利の悩みを、交際経験がないために持つ妙な考えだとして篠原が笑い飛ばしていることがわかります。これが今回の「特殊事情」です。

直接の原因A
江美利の失恋の話を聞いた

＋

特殊事情である原因B
自分より容姿が優れているしづくの方が自分より奥井先輩にふさわしいと思ってしまう江美利の悩みは、恋愛経験がないゆえの妙な考えだと思った

↓

篠原は笑っているのだった

ステップ3 解答を決定する

以上より、解答例は「江美利の悩み(1)が恋愛経験がないゆえの妙な考えだったから。(2)」（27字）となります。

解答のポイントとしては、⑴「江美利の悩み」が原因になっていることと、⑵「その悩みは恋愛経験がないゆえの妙な考えだと篠原が思っていること」の二つが必要です。

なお、記述のルールについては、本書の7ページに詳しく示していますので、必ず確認しておくようにしましょう。

問4 心情把握問題

難易度★★

≫ルール49→106ページ
≫記述ルール→7ページ

ステップ1 傍線部を含む一文を分析する

……篠原に呼び止められた。名乗った覚えはないのにと驚いて振り向くと、篠原はいたずらっぽく笑っている。

「たいがいのひとは交際も結婚もいつかできるものだから、あせんなくていいよ」

「いつまで経ってもできなかったら、どうするんですか」

「そのころには諦めもついているから、問題ない」

篠原は急に真剣な顔つきになって、言葉をつづけた。「そんなことより一番の問題は、悔いのない、だれに恥じることもない生きかたを死ぬまでできるかどうかだと思うんだけど、ちがう?」

4 そう言われれば、そんなような気もする。でも江美利にはよくわからない。奥井先輩とつきあえれば、悔いのない幸せな時間を過ごせるのにという思いも拭いがたくあるからだ。

江美利が何かに納得しかけるのと同時に、納得できない心情でもあることがわかります。このように、相反する二つの心情が同時に存在する状態を、「心情の交錯」といいます。

≫ルール40 読解 発展 「相反する心情」はそれぞれの原因をとらえる!
→101ページ

ステップ2 解答の根拠をとらえる

まず、江美利を納得させかけている原因Aを探します。傍線部の直前の篠原の発言から、人生の中では死ぬまで悔いのない、恥じることもない生きかたができるかどうかが大事であり、交際や結婚が今できるかどうかは大したことではないという篠原の考えが原因Aであることがわかります。

次に、江美利が納得できない原因Bを探します。傍線部の次の一文から、奥井先輩とつきあえればすぐに悔いのない幸せな時間を過ごせると思う江美利の考えが原因Bであることがわかります。

原因A 目の前の交際や結婚の成否よりも、人生では死ぬまで悔いのない、だれに恥じることもない生きかたができるかどうかが大事だという篠原の考え

↓

納得できそう

原因B　奥井先輩とつきあえればすぐに悔いのない幸せな時間を過ごせると思う江美利の考え

↓

納得しきれない

ステップ3　解答を決定する

以上より、解答例は「人生という期間では、恋愛よりも悔いのない生き方の方が重要だと思うが、今という瞬間では、恋愛が成就すれば悔いのない時間を過ごせると思ったから。」（70字）になります。人生全体の中で見た場合に大事なことと、今すぐ幸せを得ることとの差異が明確になるように解答を作成しましょう。

解答のポイントとしては、(1)「篠原と江美利の見ている時間の幅の違い」と、(2)「生きかたを重視するか恋愛を重視するかの違い」の二つを、篠原と江美利の考えのそれぞれについて書く必要があります。

Lesson 7

解答・解説

▼問題 別冊71ページ

このレッスンで出てくるルール

ルール19 読解「エピソード」は「筆者の主張」とセットでとらえる！
ルール27 読解「時間（時代）」が示す「変化」や「経緯」に注目する！
ルール23 読解「疑問文」の「答え」は「筆者の主張」と考える！
ルール4 読解「対立関係」を整理して「主張」や「重要な情報」をとらえる！

解答

問1 ⑤　問2 ③
問3 ③　問4 ①
問5 ⑤

出典：中屋敷均『科学と非科学――その正体を探る』

意味段落Ⅰ「認識できる情報が増えるほど、科学の常識や支配できる領域も変わっていく」

ルール19 エピソード

1 （「分類学の父」と称されるカール・フォン・リンネは**18世紀**（ルール27 時間）に活躍したスウェーデン生まれの博物学者である。リンネの最大の功績は、自然界にある様々な存在に体系的な分類を初めて試みたことである。彼は1735年に動物、植物、そして鉱物の三界を整理した『自然の体系』の第一版を出版した。その後、その体系に改良を重ね、生物の学名を属名と種小名の2語のラテン語で表す二名法や、種より上位の分類単位である綱、目、属などを設けることにより階層的な構造化を生物分類に導入すること等を提唱した。彼の提示した基本概念は、現代生物学の分類にもそのまま引き継がれており、分類学の重要な基盤となっている。

2 **しかし**、**彼が活躍した時代**、世界に生物は動物と植物しかいなかった。その当時、微生物は地球上に存在しなかったのか？（**もちろん**（譲歩）そんなことはない。実際、リンネが生まれる前の**17世紀末**（時間）には、オランダのレーウェンフックによって微生物の一種である原生生物や細菌がすでに発見されていた。）**ただ**、レーウェンフックの作った顕微鏡は、極めて高度なレンズ作製技術を持つ彼の手作り品であり、誰でも持っているようなものではなかった。その当時、顕微鏡は一部の貴族や裕福な人たちだけが持つ不思議な鏡、そう「万華鏡」のような存在であり、レーウェ

≫ルール19 読解　「エピソード」は「筆者の主張」とセットでとらえる！

筆者は主張を印象付けるために「エピソード」を紹介することがあります。「エピソード」の後にある「筆者の主張」とセットでとらえましょう。

また、エピソードは過去のものである場合が多いので、「過去」を表す表現に注意すると、「エピソード」をとらえやすくなります。

△エピソード
←
◎筆者の主張

エピソード
18世紀には世界に生物は動物と植物しかいないと認識されていたが、現在ではかつての界に相当するような大きな生物群が、少なくとも7つは存在し、まだ増える可能性がある
←
筆者の主張
現在の科学が世界のすべてを把握している訳ではない

ンフック自身が「人々のあいだでは、私のことを魔法使いだと言っていますし、私がこの世には存在しない物を見せているとも言っています」と述べている。実際、レーウェンフックの死後1世紀ほどの間、彼のお手製の顕微鏡をしのぐ性能を持った顕微鏡や、彼のような情熱を持って微生物に取り組む研究者はなかなか登場せず、微生物学は長きに亘(わた)り停滞することになる。

3 科学は人間の認識できるものに基づいて構築されており、1969年には、顕微鏡を用いた形態観察や、その生物がどのように自然界で栄養を摂取しているかといった観点に基づき、生物を5つに分けるのが妥当だったと言える。しかし、そこにかつての顕微鏡のように登場したのが、生物の持つ遺伝子配列（DNA配列）を決定できるシークエンサーという機器（技術）である。

4 現在(時間)の生物の大分類はまだ混乱の中ではあるが、2012年の報告によれば、かつての界に相当するような大きな生物群が、少なくとも7つは存在することになる。そしてその数はまだ増える可能性を持っている。

5 大学に職を得て赴任したての頃、研究室の教授に「自分の分野について何でも知ってるという顔をする専門家は信用するに足らない。どこまでが分かっていて、どこからは分かっていないことなのか、きちんと説明できるのが本当の専門家だ」と言われたことを、今でも印象深く憶(おぼ)えているが、科学である程度「分かっている」と言える領域の外には、広大な〝未知領域〟が実際には存在している。そのことをこの生物分類の歴史は端的に物語っている。）

≫ルール27 読解 「時間（時代）」が示す「変化」や「経緯」に注目する！

→60ページ

17世紀末
オランダのレーウェンフックによって微生物の一種である原生生物や細菌がすでに発見されていたが、レーウェンフックの作った顕微鏡は普及していなかったため、一般的には認識されていなかった

↓

18世紀
世界に生物は動物と植物しかいないと認識されていた

↓

現在
かつての界に相当するような大きな生物群が、少なくとも7つは存在することになる

6 【当たり前のことであるが、現在の科学が世界のすべてを把握している訳ではない。】顕微鏡が考案されれば、今まで見えなかったものが見えてくる。シークエンサーが発明されれば、顕微鏡では見えない遺伝子に刻まれた生物進化の痕跡が見えてくる。そういった認識できる情報が増えれば増えるだけ、それに基づいた科学の常識、それが支配できる領域も変わっていく。

意味段落Ⅱ「科学と非科学の境界は曖昧である」

7 しかし、現状の科学で認識できないことが、必ずしもこの世に存在しないことを意味しないのなら、では一体、何が〝科学的〟で、何が〝非科学的〟なものなのだろう？（UFOや超能力や地底人だって、将来的に科学になる可能性はないのだろうか？ レーウェンフックも、かつて「魔法使い」と言われていたそうではないか？）

ルール23 問題提起→答え＝17段落

8 実は、そうなのだ。これは非常に厄介な問題であり、ある意味、本質的な問いなのかも知れない。【現在、科学の支配が及んでいない未知な領域にも、間違いなく〝この世の真実〟は存在している。】（実際、科学の最先端で試されている仮説の数々も、そういった未知領域に存在しているとも言えるし、長い歴史は持つものの、西洋科学の体系には必ずしも収まっていない東洋医学なんかも、少なくとも部分的にはそうだろう。また、「似非（えせ）科学」と非難めいた名称で呼ばれている分野も、その一部はこの領域の住人と言って良い。）

9 そういった「科学」とも「非科学」ともつかない〝未知領域〟は、この世にかなり広大に広

≫ルール23 読解

「疑問文」の「答え」は「筆者の主張」と考える！

→11ページ

問題提起

何が〝科学的〟で、何が〝非科学的〟か？

＝ 非常に厄介な問題

＝ 何でもありで良いのか

＝ 難問

← **答え**

修正による発展を繰り返すのが科学

がっているし、そこには有象無象の海の物とも山の物ともつかないようなものたちが蠢いている。それらのうちのいくつかは将来、科学の一部となっていくこともあるだろうが、だからと言って、味噌も糞も一緒で、本当に何でもありで良いのか、これも**また**疑問である。

ルール4 譲歩

10 （この難問に対して、とても科学的な人たちは「科学的に実証されたものだけを信用すべき」という考え方をとり、それが科学者としてとるべき態度のように評されることも多い。私自身は**そういった**B石鹸の香り漂うような、清涼感溢れる考え方に、どこか違和感を持ってしまう方ではあるが、「似非科学」と呼ばれるような胡散の香り漂うものに傾倒する危険性も軽視できないことは理解している。

11 その最大の問題点は、実証されたものに比べて、実証されていない領域ははるかに大きく、一旦、根拠のはっきりしないものを受け入れる精神構造ができてしまうと、どこまでもその対象が広がり、根拠なき後退と言うか、根拠なき前進と呼ぶべきか、**そのような**C「果てしなく飛躍する論理」とでも形容されるべきものに飲み込まれてしまいかねないことである。根拠が薄弱なものに対して、信じる／信じない、の二者択一や、「そうであったらいいな」的な、安易な希望的観測を持って傾倒していくことはやはり危険なことである。特に根拠を問うことが許されないような [D] を強調するものには警戒が必要であろう。）

12 **しかし一方**、現在の科学の体系の中にあるものだけに自分の興味を限定してしまうことも、真の意味で科学的な態度**ではない**はずである。主張【科学の根本は、もっと単純に自分の中にある

ルール4 読解 「対立関係」（譲歩）を整理して「主張」や「重要な情報」をとらえる！

→29ページ

とても科学的な人たち

「科学的に実証されたものだけを信用すべき」という考え方が科学的な態度だ

↔ 対立関係

筆者の主張

もっと単純に自分の中にある「なぜ？」という疑問に自らの頭と情熱で挑むのが科学的な態度だ

「なぜ?」という疑問に自らの頭と情熱で挑むものではなかったろうか。】その興味の対象が、現在「科学的」と呼ばれているかどうかなど、実に些細な問題である。

13 科学の歴史はこれまで述べてきたように、未知領域の中から新たな科学的真実が次々と付け加えられてきた歴史でもあり、それは挑戦と不確かな仮説に満ちたものだった。何を興味の対象としているかによって、【科学と似非科学との間に境界線が引ける訳ではないのだ。】

意味段落Ⅲ「科学と似非科学を分けるのは、修正による発展を繰り返すことができるかどうかである」

14 もし、科学と似非科学の間に境界線が引けるとするなら、それは何を対象としているかではなく、実は【それに関わる人間の姿勢によるのみなのではないかと私は思う。】「非科学的な研究分野」というものが存在するのかどうかは私には分からないが、「非科学的な態度」というのは明白に存在している。【科学的な姿勢とは、根拠となる事象の情報がオープンにされており、誰もが再現性に関する検証ができること、また、自由に批判・反論が可能であるといった特徴を持っている。】

15 一方、根拠となる現象が神秘性をまとって秘匿されていたり、一部の人間しか確認できないなど、再現性の検証ができない、客観性ではなく「生命は深遠で美しい」のような誰も反論できないことで感情に訴える、批判に対して答えないあるいは批判自体を許さない——そういった特徴を持つものも、現代社会には分野を問わずあまた存在している。

ルール4 読解
「対立関係」(否定)を整理して「主張」や「重要な情報」をとらえる!

主張を強調するために反対の事柄を退けるのが「否定」です。「否定」のフレームは「Aではなく、Bである」という形が代表的ですが、倒置形の「BであってAではない」も出てくることがあるので、覚えておきましょう。

「否定」のフレーム

□Aではなく、Bである。
□Bであって、Aではない。

「科学と似非科学の間の境界線」とは

一般論
何を対象としているか

↔ 対立関係

筆者の主張
それに関わる人間の姿勢によるのみなのではないか

←

「科学的な姿勢」とは
・根拠となる事象の情報がオープンにされている
・誰もが再現性に関する検証ができる
・自由に批判・反論が可能である

16 この二つの態度の本質的な違いは、物事が発展・展開するために必要な資質を備えているかということである。科学的と呼ばれようが、非科学的と呼ばれていようが、この世で言われていることの多くは不完全なものである。だから、間違っていること、それ自体は大した問題ではない。間違いが分かれば修正すれば良い。ただ、それだけのことだ。

17 しかし、そういった修正による発展のためには情報をオープンにし、他人からの批判、つまり淘汰圧のようなものに晒されなければならない。最初はとんでもない主張であっても、真摯に批判を受ける姿勢があれば、修正できるものは修正されていくだろうし、取り下げるしかないものは、取り下げられることになるだろう。答え この修正による発展を繰り返すことが科学の最大の特徴であり、そのプロセスの中にあるかどうかが、科学と似非科学の最も単純な見分け方ではないかと、私は思っている。

本文要約

現在の科学が世界のすべてを把握している訳ではないので、人間が認識できる情報が増えれば、科学の常識や支配できる領域も変わる。まだ科学の支配が及んでいない未知領域にも、今後科学の一部になるものがあるので、対象によって科学と非科学は区別できない。科学的な姿勢の特徴とは、主張の根拠が明示され、その検証や批判ができることであり、修正による発展を繰り返すことができるかどうかが、科学と似非科学の最も単純な見分け方である。

重要語句

- □ 6 概念＝ものごとの意味内容
- □ 49 実証＝事実によって証明すること
- □ 72 再現性＝条件を整えれば同じことを何度も起こせること
- □ 72 批判＝検討して評価すること

意味段落Ⅰ 「認識できる情報が増えるほど、科学の常識や支配できる領域も変わっていく」（1～6）

エピソード

18世紀には世界に生物は動物と植物しかいないと認識されていたが、現在ではかつての界に相当するような大きな生物群が、少なくとも7つは存在し、まだ増える可能性がある

↓

筆者の主張

現在の科学が世界のすべてを把握している訳ではない

↓

人間が認識できる情報が増えれば、科学の常識や支配できる領域も変わる

意味段落Ⅱ 「科学と非科学の境界は曖昧である」（7～13）

現在、科学の支配が及んでいない領域にも〝この世の真実〟は存在している

↓

そのような〝未知領域〟に属するものについて、それが科学的か非科学的かをすぐに判断することはできない

意味段落Ⅲ 「科学と似非科学を分けるのは、修正による発展を繰り返すことができるかどうかである」（14～17）

「科学と似非科学の間の境界線」とは

一般論

何を対象としているか

⇔ 対立関係

筆者の主張

それに関わる人間の姿勢によるのみなのではないか

↓

「科学的な姿勢」

・主張の根拠が明示されていて、それについて検証・批判・反論が可能であること

↓

「科学と似非科学の最も単純な見分け方」

・修正による発展を繰り返すことができるかどうか

設問解説

問1 傍線部内容説明問題 難易度★★

≫ルール41 → 21ページ

ステップ1 傍線部を含む一文を分析する

7 しかし、現状の科学で認識できないことが、必ずしもこの世に存在しないことを意味しないのなら、では一体、何が〝科学的〟で、何が〝非科学的〟なものなのだろう？

（中略）

8 実は、そうなのだ。〈これは〉非常に厄介な問題であり、ある意味、A本質的な問いなのかも知れない。現在、科学の支配が及んでいない未知な領域にも、間違いなく〝この世の真実〟は存在している。

（中略）

9 そういった「科学」とも「非科学」ともつかない〝未知領域〟は、この世にかなり広大に広がっているし、そこには有象無象の海の物とも山の物ともつかないようなものたちが蠢いている。それらのうちのいくつかは将来、科学の一部となっていくこともあるだろうが、だからと言って、味噌も糞も一緒で、本当に何でもありで良いのか、これもまた疑問である。

主語が「これは」であることがわかります。「これ」の指示対象を傍線部の前に求めます。

ステップ2 解答の根拠をとらえる

7段落の最初の一文から、「これ」が指すものが科学と非科学の区別の仕方だということがわかります。

また、9段落では科学と非科学の区別が難しいからといって、区別をしなくて本当に良いのかという疑問が提示されています。

現状の科学で認識できないことが、必ずしもこの世に存在しないことを意味しないのなら、何が科学的で、何が非科学的なのか

＝ 同値関係

非常に厄介な問題であり、本質的な問い

←

未知領域のものは何でもありで良いのか

ステップ3 解答を決定する

以上より、解答は⑤「この世には様々な未知領域があり、それらは将来的には科学になる可能性もあるが、だからと言って何でも科学の範囲として扱ってよいのか」となります。科学と非科学の区別について述べているのはこの選択肢だけです。

〈その他の選択肢〉

① UFOや超能力が将来的に科学になる可能性があるのだとしたら、それらも科学であるとみなすべきではないか

具体例

② 現状の科学で認識できないことの中に、どのくらいの科学的なものが含まれているのか
科学的なものの量は問われていない

③ 科学の支配が及んでいない領域に存在する「この世の真実」を明らかにしていく必要があるのではないか
本文にない

④ 実証されていなくても科学的なものがあるのだとしたら、科学的であるとはどのようなことを指すのか
話題は「科学」と「非科学」の区別

問2 傍線部内容説明問題 難易度★★

≫ルール41→21ページ

ステップ1 傍線部を含む一文を分析する

[10] この難問に対して、とても科学的な人たちは「科学的に実証されたものだけを信用すべき」という考え方をとり、それが科学者としてとるべき態度のように評されることも多い。私自身はそういった B 石鹸(せっけん)の香り漂うような、清涼感溢(あふ)れる考え方に、どこか違和感を持ってしまう方ではあるが、「似非科学」と呼ばれるような胡散(うさん)の香り漂うものに傾倒する危険性も軽視できないことは理解している。

「石鹸(せっけん)の香り漂うような、清涼感溢(あふ)れる考え方」と『似非科学』と呼ばれるような胡散(うさん)の香り漂うもの」が比較されていることがわかります。

また「そういった」という指示語が使われているので、比較を意識しながら指示対象を傍線部の前に求めます。

ステップ2 解答の根拠をとらえる

傍線部を含む一文の前の文から、「そういった」が指すものが「それ」であることがわかるので、さらに前にさかのぼって指示対象を求めます。すると、「『科学的に実証されたものだけを信用すべき』という考え方」だということがわかります。

≫ルール62 解法 発展 「二重の指示語」があったら、さらに指示対象を探す！

指示語の指示対象が別の指示語を含む場合、「二重の指示語」といい、さらに指示対象を探します。

「科学的に実証されたものだけを信用すべき」という考え方

＝ 同値関係

石鹸の香り漂うような、清涼感溢れる考え方

ステップ3 解答を決定する

以上より、解答は③「ウエ」となります。他の選択肢は『科学的に実証されたものだけを信用すべき』という考え方」と一致しません。

問3 傍線部内容説明問題 難易度★★

≫ルール41 → 21ページ

ステップ1 傍線部を含む一文を分析する

11 その最大の問題点は、実証されたものに比べて、実証されていない領域ははるかに大きく、一旦、根拠のはっきりしないものを受け入れる精神構造ができてしまうと、どこまでもその対象が広がり、根拠なき後退と言うか、根拠なき前進と呼ぶべきか、そのような「果てしなく飛躍する論理」とでも形容されるべきものに飲み込まれてしまいかねないことである。

「『果てしなく飛躍する論理』とでも形容されるべきもの」に「そのような」という指示語が付いており、指示対象が直前にあることがわかります。直前に指示対象を求めます。

ステップ2 解答の根拠をとらえる

「そのような」が指すものが、「実証されたものよりも実証されていない領域の方がはるかに大きく、根拠のはっきりしないものを受け入れる精神構造ができてしまうと、どこまでもその対象が広がってしまうこと」だとわかります。

実証されたものよりも実証されていない領域の方がはるかに大きく、根拠のはっきりしないものを受け入れる精神構造ができてしまうと、どこまでもその対象が広がってしまうこと

＝ 同値関係

「果てしなく飛躍する論理」

ステップ3 解答を決定する

以上より、適当なものはア、イ、ウで、解答は③「三つ」となります。エ、オの内容は傍線部の後にあるため、「そのような」の指示対象になりません。指示対象は「前」に求めると覚えましょう。

問4 空所補充問題 難易度★★

≫ルール44 → 18ページ

ステップ1 空所を含む一文を分析する

11 ……〈特に根拠を問うことが許されないような D を強調するものには〉警戒が必要であろう。

（中略）

15 一方、根拠となる現象が神秘性をまとって秘匿されていたり、一部の人間しか確認できないなど、再現性の検証ができない、客観性ではなく「生命は深遠で美しい」のような誰も反論できないことで感情に訴える、批判に対して答えないあるいは批判自体を許さない――そういった特徴を持つものも、現代社会には分野を問わずあまた存在している。

空所に「根拠を問うことが許されないような」という説明が加えられていることがわかります。空所の前後から、根拠を問えないという内容に合う表現を求めます。

ステップ2 **解答の根拠をとらえる**

15段落に「根拠となる現象が神秘性をまとって秘匿され」ているという表現が見つかります。

根拠を問うことが許されないもの

＝ 同値関係

根拠となる現象が神秘性をまとって秘匿されているもの

ステップ3 **解答を決定する**

以上より、解答は①「神秘性」となります。

〈その他の選択肢〉

②「再現性」、③「客観性」は根拠が検証できるものを指すので誤りです。④「選択性」は本文に説明がないので誤りです。⑤「展開性」については、16段落で科学的な態度の条件として述べられており、根拠を問うことが許されない非科学的なものを表す D には当てはまらないので誤りです。

問5 内容真偽問題 難易度★★ ≫ルール47 → 37ページ

ステップ1 **本文を通読し、意味段落分けをする**

「**本文解説**」参照

ステップ2 **選択肢を分析する** (①)

①の選択肢の「科学の対象」については説明されている意味段落Ⅰを確認しましょう。

ステップ3 **解答の根拠をとらえる** (①)

13段落に「何を興味の対象としているかによって、科学と似非科学との間に境界線が引ける訳ではない」とあるので、①は本文と合致しません。

ステップ2 **選択肢を分析する** (②)

②の選択肢の「科学の実証・修正」については意味段落Ⅲで説明されているので、確認しましょう。

ステップ3 **解答の根拠をとらえる** (②)

17段落に「真摯に批判を受ける姿勢があれば、修正できるものは修正されていくだろうし、取り下げるしかないものは、取り下げられることになるだろう」とあります。修正・実証できないものは取り下げるしかなく、科学的なものや正しいものとは認められないということなので、②は本文と合致しません。

ステップ2 **選択肢を分析する** (③)

③の選択肢の「科学の特徴」については意味段落Ⅲで説明されているので、確認しましょう。

ステップ3 **解答の根拠をとらえる** (③)

14段落に「科学的な姿勢とは、根拠となる事象の情報がオープンにされており、誰もが再現性に関する検証ができること、また、自由に批判・反論が可能であるといった特徴を持っている」とあります。一見選択肢と一致しているように見えますが、内容が微妙に異なることに注意してください。「科学とは○○であるべきだ」と「科学とは○○なものだ」はそれぞれ別のことを言っているので、③は本文と合致しません。

ステップ2 選択肢を分析する（④）

④の選択肢の「科学と似非科学の境界線」については14段落で説明されているので、確認しましょう。

ステップ3 解答の根拠をとらえる（④）

14段落に「科学と似非科学の間に境界線が引けるとするなら、それは何を対象としているかではなく、実はそれに関わる人間の姿勢によるのみなのではないかと私は思う」とあります。物事に関わる人間の姿勢によって科学と似非科学の境界線は引けるという主張なので、④は本文と合致しません。

ステップ2 選択肢を分析する（⑤）

⑤の選択肢の「科学の発展と淘汰圧」については17段落で説明されているので、確認しましょう。

ステップ3 解答の根拠をとらえる（⑤）

17段落に「そういった修正による発展のためには情報をオープンにし、他人からの批判、つまり淘汰圧のようなものに晒されなければならない。（中略）この修正による発展を繰り返すことが科学の最大の特徴であり、そのプロセスの中にあるかどうかが、科学と似非科学の最も単純な見分け方ではないかと、私は思っている」とあるので、⑤は本文と合致しています。

ステップ4 解答を決定する

以上より、解答は⑤となります。

Lesson 7

Lesson 8

解答・解説

▼問題 別冊79ページ

このレッスンで出てくるルール

ルール7 読解 本文の矛盾は「逆説」を疑う！
ルール26 読解 「数詞」や「場合分け」で列挙されているポイントを押さえる！
ルール22 読解 「引用」は「筆者の主張」とセットでとらえる！
ルール16 読解 「具体例」前後の「筆者の主張」を見抜く！
ルール17 読解 「まとめ」は「筆者の主張の要点」と考える！
ルール1 読解 「は」で強調されている「主題」に注目する！
ルール4 読解 「対立関係」を整理して「主張」や「重要な情報」をとらえる！
ルール10 読解 「類似」に注目する！
ルール56 解法 「矛盾」を含む選択肢は消去する！ ⇒問2

解答

問1 ① ○ ② × ③ × ④ ×　問2 ③　問3 ②
問4 ① × ② ○ ③ × ④ ○
問5 （例）インターネットによって過剰結合した状態。（20字）

出典：小川仁志（おがわひとし）『哲学の最新キーワードを読む 「私」と社会をつなぐ知』

意味段落Ⅰ 「インターネットの問題①：制御不能な『つながり』＝『過剰結合』」

1 インターネットの問題は、2つのベクトルによって象徴されるように思われる。それは、「つながり」と「閉じこもり」の2つである。インターネットはつながりすぎともいえるほど、人々や物、情報をつなげ続けている。（ルール7 逆説）と同時に、私たちをごく狭い世界に閉じ込めてもいるのだ。

2 (a)前者の問題を指摘するのが、『つながりすぎた世界』の著者、ウィリアム・H・ダビドウだ。彼は、この本の中で次のようにいっている。

（引用）〈過剰結合とは、あるシステムの内外で結びつきが高まりすぎたあげく、少なくとも一部にほころびが生じた状態を指す。こうなると状況はあっという間に暴走する。（中略）過剰結合が暴力につながることもあるし、深刻な事故を生むこともある。そしてときには、企業や一国を破滅の瀬戸際に追いやることもある。〉

3 ダビドウは、インターネットによって世界が制御不能な状態で結びついた状態を「過剰結

ルール7 読解 本文の矛盾は「逆説」を疑う！

→61ページ

1段落の「インターネット」についての説明は、「Aと同時にB」という「逆説」のフレームに当てはまります。

「インターネット」
A：人々や物、情報をつなげ続けている
と同時に
B：私たちをごく狭い世界に閉じ込めている

合」と呼んで非難する。（根拠 なぜなら、それによってデマや風評が瞬く間に広がって、世界規模の金融危機に至ることさえあるからだ。）そのうえで、そうした強欲やデマの広がりは「思考感染」であるとして、警鐘を鳴らしている。

4 インターネットが世界をつなげたのは間違いない。ただ、それが制御不能な場合、つながりは一気にカオスと化す。その中をなんの信憑（ぴょう）性もない情報が瞬時に駆け巡り、数十億の人間が瞬時にそれに反応するという危うい事態が生じてしまうのである。

5 SNSによる国家の革命や民主化運動の高まりは、こうした過剰結合の賜（たま）物であるといってよい。ルール7 逆説 ただし、その背景には危うさが潜んでいることも忘れてはならない。昨今の偽（フェイク）ニュース現象、つまりネット上の偽の情報に現実の政治が振り回されるといった状況は、思考感染そのものだといっていいだろう。

意味段落Ⅱ「過剰結合を改善するための提案」

6 では、問題提起 私たちはいったいどうすればいいのか？

7 ダビドウは、過剰結合状態から高度結合状態に戻さなければならないとして、次のルール26 列挙 3つのやるべきことを提案している。①正のフィードバックの水準を下げ、それが引き起こす事故を減らし、思考感染を緩和し、予期せぬ結果を全体的に減らす。②より強固なシステムを設計し、事故が起きにくくする。③すでに存在する結びつきの強さを自覚し、既存の制度を改革して、

「逆説」のフレームには当てはまりませんが、「過剰結合」も「矛盾」で説明されています。

「過剰結合」

賜物：SNSによる国家の革命や民主化運動の高まり

ただし

危うさ：ネット上の偽の情報に現実の政治が振り回されるといった状況

≫ルール26 読解 「数詞」や「場合分け」で列挙されているポイントを押さえる！

筆者は複数の事柄を読者にわかりやすく説明するために「第一に…／第二に…」のような「数詞」を用いたり、「○の場合…／□の場合…」のような「場合」で分けたりして、ポイントを列挙します。列挙されたポイントを整理しながら読んでいきましょう。

より効率的かつ適応度の高いものにする。

8 つまり、①はインターネット以前の問題で、そもそも物事が過剰な状態にならないように制限するということである。②は文字通り強固なシステムをつくるということ。③はインターネットの過剰結合を前提に、むしろ社会の仕組みを変えていくということである。

9 ダビドウの提案に賛同できるのは、いずれもインターネットの潜在力を削ぐような方向での規制ではない点だ。とりわけ①と②のように、インターネット外での規制を強化することで対応できるなら、それが理想なのかもしれない。この点については、最後に改めて検討するとして、先に(b)「閉じこもり」の問題について考えてみたい。

意味段落Ⅲ　「インターネットの問題②：『閉じこもり』＝フィルターバブルによる孤立」

10 これについては、『閉じこもるインターネット』の著者イーライ・パリサーが、次のように論じている。

ルール22 引用

（新しいインターネットの中核をなす基本コードはとてもシンプルだ。フィルターをインターネットにしかけ、あなたが好んでいるらしいもの――あなたが実際にしたことやあなたのような人が好きなこと――を観察し、それを元に推測する。（中略）わたしはこれをフィルターバブルと呼ぶが、その登場により、我々がアイデアや情報と遭遇する形は根底

≫ルール22 読解 「引用」は「筆者の主張」とセットでとらえる！

→41ページ

引用
イーライ・パリサー
『閉じこもるインターネット』
↓
筆者の主張
インターネットを使えば使うほど、その人の情報はネットに把握され、その人の求めるであろう情報が（推測され）表示されるようになってくる

から変化した。】

11 【主張 つまり、インターネットを使えば使うほど、その人の情報はネットに把握され、その人の求めるであろう情報が（推測され）表示されるようになってくるのだ。】自分が一度検索した商品の広告が出てくるのはまだわかりやすいが、いま検索している情報そのものが、すでにそうした過去の膨大なデータによってフィルターをかけられたものであったとしたら、私たちはもはやそれに気づくことさえないだろう。

12 【主張 同じ検索エンジンを使って、同じ言葉を検索したとしても、実は自分と他者とでは出てくる情報が異なっている。】（ルール16 具体例）【たとえばグーグルを使っていると、自分が頻繁（ばん）に検索する語がある場合、その語に関連する情報が上位に来るようになる。

13 私が小川仁志と自分の名前をよくエゴサーチしていれば、別の事柄を検索していても、なぜか小川仁志に関連する情報を目にすることになるというわけである。これは私以外の人には起こり得ないだろう。】

14 パリサーはこうした機能によって、（ルール26 列挙）①ひとりずつ孤立しているという問題、②フィルターバブルは見えないという問題、③フィルターバブルは、そこにはいることを我々が選んだわけではないという問題が生じると指摘する。

15 これらが、「閉じこもる」という問題なのである。

≫ルール16 読解 「具体例」前後の「筆者の主張」を見抜く！

→10ページ

筆者の主張

同じ検索エンジンで同じ言葉を検索しても、人によって出てくる情報が異なる

← たとえば

具体例

グーグルを使って、頻繁に検索する語があると、その語に関連する情報が上位に来るようになる

16 現実の社会の中で、自分でも気づかないうちに、ある特殊な空間に閉じ込められているとしたら、大問題だろう。（それが世界だと思い込んで生きていることになるのだから。）

17 （今、多くの人にとって、インターネットは現実の社会以上の存在になりつつある。友人とコミュニケーションするのも、情報を得るのも、買い物をするのも「ネットで」という人は増えている。）とするならば、【パリサーの指摘するフィルターバブルの問題は、深刻な社会問題といっていいだろう。】

意味段落Ⅳ「個人、企業、政府それぞれのフィルターバブルの対応策」

18 では、どうすればいいのか？ これについてパリサーは、個人、企業、政府のそれぞれにできることを提案している。

19 たとえば、個人は自ら意識して行動パターンを変えるべきだという。いつもと歩く道を変えてみるように、オンラインで歩く道も変えてみるということだ。あるいは、インターネットブラウザーのユーザー等を特定するために使われるクッキーを定期的に削除するとか、よりフィルターバブルを自分で管理できるサービスを選ぶとか、プログラミングの基礎を学ぶといったようなことも提案している。

20 そして企業は、アルゴリズムを公開したり、少なくともどのようなアプローチで情報の整理やフィルタリングを行っているのか明らかにすることで、フィルタリングシステムを普通の人

≫ルール26 読解 「数詞」や「場合分け」で列挙されているポイントを押さえる！

→126ページ

フィルターバブルの対応策

「①個人、②企業、③政府の三つの場合」

← ①個人は自ら意識して行動パターンを変えるべきだ

＋ ②企業は、アルゴリズムを公開したり、少なくともどのようなアプローチで情報の整理やフィルタリングを行っているのか明らかにすることで、フィルタリングシステムを普通の人にも見えるようにすべきだ

＋ ③政府は、企業が自主的にはできない部分を担うべきだ

にも見えるようにすべきだという。また、ユーザーの情報をパーソナライズした場合、企業はその情報をどれだけどのように使っているのかなど、本人に対して詳しく説明すべきだともいう。

21 そのうえで（列挙・答え③）政府は、企業が自主的にはできない部分を担うべきだという。つまり、個人情報に対するコントロールを個人に返すことを企業に義務づけるよう提案しているのである。たしかに、ある程度法律で義務化して罰則でも設けないと、企業が自主的に情報を開示することなど望めないのかもしれない。

22 （ルール17 まとめ）【結局、フィルターバブルに関しては、大企業や一部の人間が、個人を操るような状況をつくり出す点に最大の問題があると私は考える。】（根拠）【なぜなら、それによって個人の自由な発想が潜在的に削がれてしまうからである。】

23 パリサーもセレンディピティという言葉を好んで使っているのだが、インターネットのダイナミズムは、偶然の出逢（あ）いを意味するセレンディピティに負うところが大きい。フィルターバブルはそれを奪ってしまうのである。

24 その点で、パリサーの挙げる対応策は、いずれも必要なものだといっていいだろう。

意味段落Ⅴ　「ポスト・インターネット社会で求められる倫理」

25 インターネットの問題について、「つながり」と「閉じこもり」という2つのベクトルから

≫ルール17 読解 「まとめ」は「筆者の主張の要点」と考える！

→ 14ページ

意味段落Ⅲ
フィルターバブルによる孤立

意味段落Ⅳ
フィルターバブルの対応策

← 結局

まとめ
フィルターバブルに関しては、大企業や一部の人間が個人を操るような状況をつくり出す点に最大の問題がある

← なぜなら

根拠
それによって個人の自由な発想が削がれてしまうから

考察を加えた。そしてその各々について、インターネットの潜在力を損なうことなく問題を解決するにはどうすればいいか、検討を試みた。その中で判明したのは、インターネット外における規制の有効性と、フィルターバブルの有害性である。これらを念頭に置きつつ、最後にポスト・インターネット社会を展望してみたい。

26 ポスト・インターネット社会とは、インターネットがインフラになり、もはやそれが特別なものとはみなされなくなった社会のことだと思ってもらえればよい。インターネットが普及し始めて約30年、社会はもはやその段階に入りつつあるといっていいだろう。

27 現に私たちは、ネット上の世界とリアルの世界をあまり区別しないようになってきているのではないだろうか。誰もが当たり前のようにネットを使えば、それはもう特別なものではなく、日常になるのだ。これまでのあらゆるテクノロジーがそうであったように。

28 新しいテクノロジーの黎明期における人々の狼狽ぶりは、数十年もたてば滑稽なものに映る。インターネットもその例外ではないはずだ。（たとえば初期の頃は電話回線を使っていたので、電話と同時に使えなかった。そして個人的には、電話やファックスに比べて、そもそもインターネットはつながりにくい不便で面倒な通信手段という印象さえあった。今はそれが逆転している。）

29 それだけ特別なものだったのだ。ところが、パソコンが魔法の箱ではないことや、インターネットがこの現実の世界とはまったく別の異次元に存在するものでないことは、それらが生み

ルール1 読解
「は」で強調されている「主題」に注目する！
→27ページ

出してきた数々の社会問題とともに白日の下にさらされつつある。

30 とするならば、日常の一部に組み入れられた日常としてのインターネットには、特別な規制ではなく、日常の規制こそが求められるだろう。つまり、インターネットにおける行為そのものを規制するのではなく、インターネットのある日常を誰もが問題なく生きるための規制が求められるべきなのだ。いや、規制というよりもむしろ倫理の射程を広げると表現したほうがいいかもしれない。

31 インターネットが私たちの生活に入り込むことで、私たちの生活には選択肢が増え、できることが格段に多くなった。より自由に発想できるようになったともいえる。その分、新たな問題が増えているわけだが、それはインターネット特有の問題ではなく、行動と発想のアリーナが広がったと見るべきなのだ。

32 したがって、従来リアルの世界における行動と発想に求められた倫理が、ネットというアリーナにも適用されるというだけのことである。

33 Z

34 ただし、インターネットが社会を複雑にしているぶん、それを理解し、対応していけるだけの高度な理性が求められることはいうまでもない。その意味では、理性のアップグレードを余儀なくされる。

35 この理性のアップグレードこそ、アンドリュー・キーンが指摘したインターネットのもたら

≫ルール4 読解

「対立関係」（否定）を整理して「主張」や「重要な情報」をとらえる！

→115ページ

インターネットに必要な規制

「特別な規制」
＝インターネットにおける行為そのものの規制

↔ 対立関係（ではなく）

「日常の規制」
＝インターネットのある日常を誰もが問題なく生きるための規制

≫ルール10 読解

「類似」に注目する！

→21ページ

異なる世界の類似関係

インターネットの世界ではリアルな世界と同じように、自分の言葉に責任を持たなければならない

す格差や搾取といった問題を解決する糸口になるものだといってよい。もちろんそれは、単にインターネットリテラシーを高めるというだけにとどまらず、本書で明らかにしてきたように、インターネットの本質を理解し、常にその存在に批判の目を向け続けるということまでを含む。そのうえで、リアルな社会において求められるのと同じ次元の、倫理的態度が求められるのである。

36 【つまり、私たちインターネットユーザーは、ネットだからといって相手への配慮を手薄にしてはいけない。そして、リアルな世界と同じように、自分の言葉に責任を持たなければならないのだ。】商取引における責任もそうだろう。

37 こうした責任ある態度のみが、インターネットの暴走を食い止め、アンドリュー・キーンのいう「解決しなければならない重要課題」としてのインターネットを、もとの理想である解決策としてのインターネットに引き戻せるのである。それができないと、インターネットはますます恐ろしい方向に向かってしまうだろう。

本文要約

インターネットは、世界を制御不能な状態で結びつけてデマや風評による危機を招くとともに、人々を自分の関心の範囲のみに閉じ込める危険性がある。インターネットの可能性を確保したまま問題を解決するためには、インターネットが当たり前のものとなるポスト・インターネット社会において、ネット上の人々にも現実社会と同じ倫理が適用される必要がある。

重要語句

- □20 賜物＝結果として生まれた良いこと
- □86 セレンディピティ＝偶然の出会いや発見
- □93 ポスト○○＝○○の後
- □101 黎明期＝始まりの時期
- □112 倫理＝人が守るべき道徳・規範
- □126 リテラシー＝特定の分野に関する知識、能力

読解マップ

意味段落Ⅰ　「インターネットの問題①：制御不能な『つながり』＝『過剰結合』」（1～5）

インターネットの問題は、「つながり」と「閉じこもり」の2つに象徴される

「つながり」とは

インターネットによる制御不能なつながり（過剰結合）によって、デマや風評が広まる危険がある

意味段落Ⅱ　「過剰結合を改善するための提案」（6～9）

インターネットの可能性を削がずに過剰結合に対応するには、インターネットの外での規制を強化することが理想である

意味段落Ⅲ　「インターネットの問題②：『閉じこもり』＝フィルターバブルによる孤立」（10～17）

「閉じこもり」とは

利用者の好みに合った情報を優先して表示するフィルターバブルによって、人々は自分の興味の範囲だけに閉じ込められ、孤立する危険がある

意味段落Ⅳ　「個人、企業、政府それぞれのフィルターバブルの対応策」（18～24）

個人、企業、政府のそれぞれにできる対応策がある

↓

フィルターバブルは、大企業や一部の人間に個人が操作され、自由な発想の可能性が削がれてしまうことが問題である

意味段落Ⅴ　「ポスト・インターネット社会で求められる倫理」（25～37）

インターネットが当たり前のものとなるポスト・インターネット社会では、ネット上でも現実社会と同じ倫理に従うべきだ

問1 傍線部内容説明問題

難易度★

≫ルール41→21ページ

ステップ1 傍線部を含む一文を分析する

9 ……この点については、最後に改めて検討するとして、先に(b)「閉じこもり」の問題について考えてみたい。

傍線部について「考えてみたい」とあるので、傍線部の後に「『閉じこもり』の問題」の説明を求めます。

ステップ2 解答の根拠をとらえる

11 つまり、インターネットを使えば使うほど、その人の情報はネットに把握され、その人の求めるであろう情報が（推測され）表示されるようになってくるのだ。自分が一度検索した商品の広告が出てくるのはまだわかりやすいが、いま検索している情報そのものが、すでにそうした過去の膨大なデータによってフィルターをかけられたものであったとしたら、私たちはもはやそれに気づくことさえないだろう。

（中略）

15 これらが、「閉じこもる」という問題なのである。

16 現実の社会の中で、自分でも気づかないうちに、ある特殊な空間に閉じ込められているとしたら、大問題だろう。それが世界だと思い込んで生きていることになるのだから。

11段落と16段落から「インターネットが利用者の求める情報を優先して表示することで、人々が自分の世界に閉じこもっていくこと」が「『閉じこもり』の問題」だとわかります。

「閉じこもり」の問題

＝ 同値関係

インターネットは利用者の求める情報を優先して表示する

↓

人々が自分の興味の範囲だけに閉じこもっていく

ステップ3 解答を決定する

以上より、①「インターネットによってリアルな社会と接する機会が失われること。」は適切（○）となります。

②～④を検討しましょう。一般論ではなく、本文で説明されている「閉じこもり」の問題点を選ぶという点に注意が必要です。

② インターネットによってパーソナライズされた情報と出会う機会が減ること。↓不適切（×）　本文と逆

③ インターネットによってネット上の世界とリアルな世界の区別がつかなくなること。↓不適切（×）　本文にない

④ インターネットによって他者とのコミュニケーションの頻度が減ること。↓不適切（×）　本文にない

問2 空所補充問題　難易度★

ステップ1 空所を含む一文を分析する

≫ルール44→18ページ

空所 Z は33段落全文なので、前後の段落を確認してみましょう。

31 ……その分、新たな問題が増えているわけだが、それはインターネット特有の問題**ではなく**、行動と発想のアリーナが広がったと見るべきなのだ。

32 **したがって**、従来リアルの世界における行動と発想に求められた倫理が、ネットというアリーナに**も**適用されるというだけのことである。

33 Z

34 **ただし**、インターネットが社会を複雑にしているぶん、それを理解し、対応していけるだけの高度な理性が求められることはいうまでもない。その意味では、理性のアップグレードを余儀なくされる。

31～32段落では、インターネット上での行動や発想に求められる倫理は、リアルの世界と同じものであると述べられています。

ステップ2 解答の根拠をとらえる

空所の前後の文章の内容から、ネット上でもリアルの世界と同じ倫理が求められるという主張に合った文が空所に入ることがわかります。

Z ＝（同値関係）**現実でもネット上でも、求められる倫理に違いはない**

ステップ3 解答を決定する

以上より、解答は③となります。インターネットでもリアルの世界と同じ倫理、公共哲学が必要であり、新しいことは求められないという内容に合うのはこの選択肢だけです。

〈その他の選択肢〉

②、④、⑤は「何か新しいものが求められる」とあるので誤りです。

①の選択肢には「矛盾」があります。

≫ルール56 解法　「矛盾」を含む選択肢は消去する！

文章の中につじつまの合わない部分「矛盾」が含まれているのは、典型的な誤りの選択肢です。「矛盾」のフレームを覚えておきましょう。ただし、問題文が「逆説」（↓ルール7。61ページ）で矛盾する表現を用いていることもあるので、注意が必要です。

「矛盾」のフレーム

□Aであり、かつ、Aでない。

① その際、何か新しいものが求められるとは思えない。むしろそうしたアプローチは、インターネットを特別視し、そのダイナミズムを損なってしまうように思えてならない。インターネットだからといって、結社の自由や表現の自由が過度に規制されたりするのはおかしいだろう。インターネットが日常になったポスト・インターネット社会に求められる新しい公共哲学は、だからそのままリアルな社会における公共哲学であるべきではないのだ。

新しい公共哲学は不要（本文と一致）
新しい公共哲学が必要（本文と不一致）

問3 傍線部内容説明問題

難易度★

≫ルール41→21ページ

ステップ1 傍線部を含む一文を分析する

[37] [こうした] (c)責任ある態度のみが、インターネットの暴走を食い止め、アンドリュー・キーンのいう「解決しなければならない重要課題」としてのインターネットを、もとの理想である解決策としてのインターネットに引き戻せるのである。

「こうした」という指示語が使われているため、傍線部より前に指示対象を求めます。

ステップ2 解答の根拠をとらえる

[36] [つまり]、私たちインターネットユーザーは、ネットだからといって相手への配慮を手薄にしてはいけない。[そして]、リアルな世界と[同じように]、自分の言葉に責任を持たなければならないのだ。商取引における責任もそうだろう。

[36]段落から、インターネットユーザーに求められる態度とは、リアルな世界と同じように他人に配慮し、自分の言葉に責任を持つことだとわかります。

こうした責任ある態度
＝ 同値関係
ネット上でもリアルな世界と同様に他人に配慮し、自分の言葉に責任を持つこと

ステップ3 解答を決定する

以上より、解答は②「インターネット上でもインターネット外の世界と同じレベルの倫理的態度を保つ。」となります。他の選択肢は「リアルな世界と同様の」というポイントが含まれていないので誤りです。

問4 内容真偽問題

難易度★★

≫ルール47→37ページ

ステップ1 本文を通読し、意味段落分けをする

「本文解説」参照

ステップ2 選択肢を分析する（①）

①の過剰結合状態から高度結合状態への移行について説明されている意味段落Ⅱを確認しましょう。

ステップ3 解答の根拠をとらえる（①）

7段落に過剰結合状態から高度結合状態に戻すべきだというダビドウの提案が紹介されていますが、これはインターネット上の過剰結合への対策であってフィルターバブルの解決策ではありません。①は本文と合致しません。

ステップ2 選択肢を分析する（②）

②のインターネットに対する規制のあり方については30～32段落で説明されているので、確認しましょう。

ステップ3 解答の根拠をとらえる（②）

30段落にインターネットの規制について「規制というよりもむしろ倫理の射程を広げる」とあります。また、32段落に「従来リアルの世界における行動と発想に求められた倫理が、ネットというアリーナにも適用される」とあるので、②は本文と合致します。

ステップ2 選択肢を分析する（③）

③の理性のアップグレードについては34～35段落で説明されているので、確認しましょう。

ステップ3 解答の根拠をとらえる（③）

35段落に「この理性のアップグレードこそ、アンドリュー・キーンが指摘したインターネットのもたらす格差や搾取といった問題を解決する糸口になるものだといってよい」とあります。理性のアップグレードはインターネットのもたらす問題を解決するためのもので、セレンディピティの問題だけのためのものではありません。また、23段落でセレンディピティへの言及がありますが、そこでセレンディピティは保護されるべきものとして説明されています。③は本文と合致しません。

ステップ2 選択肢を分析する（④）

④のインターネット内での責任については30～37段落で説明されているので、確認しましょう。

ステップ3 解答の根拠をとらえる（④）

36段落に「私たちインターネットユーザーは、ネットだからといって相手への配慮を手薄にしてはいけない。そして、リアルな世界と同じように、自分の言葉に責任を持たなければならない」とあり、④は本文と合致します。

ステップ4 解答を決定する

以上より解答は、①=×、②=○、③=×、④=○となります。

問5 傍線部内容説明問題 難易度★★

≫ルール41 → 21ページ
≫記述ルール → 7ページ

記述問題には、「どういうことか」「なぜか」などあらゆる問い方があります。「傍線部内容説明問題」「傍線部理由説明問題」など、問われている内容に対応する「解答へのステップ」も利用して解いていきましょう。

ステップ1 傍線部を含む一文を分析する

1 インターネットの問題は、2つのベクトルによって象徴されるように思われる。それは、「つながり」と「閉じこもり」の2つである。インターネットはつながりすぎともいえるほど、人々や物、情報をつなげ続けている。と同時に、私たちをごく狭い世界に閉じ込めてもいるのだ。

2 (a)前者の問題を指摘するのが、『つながりすぎた世界』の著者、ウィリアム・H・ダビドウだ。彼は、この本の中で次のようにいっている。

引用（過剰結合とは、あるシステムの内外で結びつきが高まりすぎたあげく、少なくとも一部にほころびが生じた状態を指す。こうなると状況はあっという間に暴走する。（中略）過剰結合が暴力につながることもあるし、深刻な事故を生むこともある。そしてときには、企業や一国を破滅の瀬戸際に追いやることもある。）

3 ダビドウは、インターネットによって世界が制御不能な状態で結びついた状態を「過剰結合」と呼んで非難する。なぜなら、それによってデマや風評が瞬く間に広がって、世界規模の金融危機に至ることさえあるからだ。そのうえで、そうした強欲やデマの広がりは「思考感染」であるとして、警鐘を鳴らしている。

「前者」は「二つ挙げたもののうちの前のもの」の意味で、指示語と同じ働きをしているので、傍線部より前に指示対象を求めます。また、それについてダビドウの議論を挙げているので、傍線部よりも後からダビドウがどのような問題を指摘しているかを求めます。

ステップ2 解答の根拠をとらえる

1段落から、前者の問題とはインターネットにおける「つながり」の問題であり、人々や物、情報がつながりすぎといえるほどつながっていることだとわかります。

また、3段落から、そのような状態をダビドウが「過剰結合」と呼んだことがわかります。

前者の問題
＝ 同値関係
「つながり」の問題
＝ 同値関係
インターネットは人々や物、情報をつながりすぎといえるほどにつなげ続けている

＝　同値関係

過剰結合

ステップ3　解答を決定する

以上より、解答例は「インターネットによって過剰結合した状態。」（20字）になります。1段落の表現だけを使うと字数をオーバーしてしまうので、3段落から「過剰結合」という言葉を見つけてくる必要があります。

Lesson 9

解答・解説

▼問題 別冊 91ページ

このレッスンで出てくるルール

ルール33 読解 直接導けない「心情」は「特殊事情」を読み取る！
ルール31 読解 「心情」をとりまく原因や結果を押さえる！
ルール32 読解 「心情の変化」を見逃さない！

解答

問1 A ④ B ② C ① D ③ 問2 ③

問3 (例) 和歌は作家業を続けている一方で、仙太郎には近年の著作がないことを知っていたから。(40字)

問4 ④ 問5 ①

問6 (例) 和歌の仙太郎への追及が、和歌の仙太郎に対する未練によるものだと思われていること。(40字)

問7 ①

出典：角田光代『私のなかの彼女』

意味段落Ⅰ「仙太郎との再会」

ルール33 原因

【仙太郎に会った】のは、四ヵ月前の四月だった。まったくの偶然である。和歌はかつてともに飲んでいた作家から花見に誘われ、久しぶりに仲間に加わろうと、九段下に向かったのである。集合時間より早く着いてしまったので、和歌はひとりお堀沿いを歩き、人の多さに辟易して集合場所に向かおうとしたところ、仙太郎を見かけたのだった。満員電車のような混雑ぶりなのに、仙太郎だとすぐにわかった。容姿が変わらないからではなくて、［　A　］

［　　　］

心情【あ、と思った】瞬間、向こうも、あ、という顔をした。心情【鼓動が速まった】が、知らんぷりをすることができないくらいはっきりと目が合った。

〈仙太郎〉「どうも」仙太郎が先に言い、結果【和歌はなんとか笑顔を作って頭を下げた。】

〈仙太郎〉「びっくりしたな、すごい久しぶり」

〈和歌〉「ほんと」

［　B　］

突然立ち止まった和歌と仙太郎を、花見客が迷惑そうににらみつけて通り過ぎていく。

≫ルール33 読解
直接導けない「心情」は「特殊事情」を読み取る！

→94ページ

原因A
和歌が偶然、仙太郎に会った

＋

原因B（特殊事情）
和歌と仙太郎は過去に恋人同士だった

↓

和歌の心情
あ、と思った／鼓動が速まった

↓

結果（態度）
和歌はなんとか笑顔を作って頭を下げた

〈仙太郎〉「お茶でも飲もうか」仙太郎が言い、

〈和歌〉「え、でも……」仙太郎の少し後ろに立っている女性が、彼の連れだと気づいて和歌はそちらを見た。

〈仙太郎〉「なんかこんな偶然、二度とないだろうから」

たしかに、そう言われてみれば、今話さないと、もう一生会わないだろうと思えた。仙太郎は背後の女性に何か言い、彼女は和歌に会釈をして人混みにまぎれる。仙太郎と並んで喫茶店に向かいながら、花見は遅れて参加する旨のメールを和歌は打った。

意味段落Ⅱ「お互いの近況報告」

テーブル席に向き合って座ると、【心情 奇妙な心持ちがした。】［　C　］

［　　　］

【原因 和歌が今も書き続けていることを仙太郎は知っていた。活躍してるじゃない、という】その言葉に裏があるのかないのか、咄嗟に考える自分に和歌は驚いた。まだ体も気持ちも条件反射で反応することに。会わなくなって何年経つのか、指を折って数えないとわからないというのに、だ。

〈和歌〉「恋愛なんてしてないのに、恋愛小説家って呼ばれてるよ」和歌は自嘲気味に言った。それもまた、条件反射だと言ってから思う。

≫ルール33 読解

直接導けない「心情」は「特殊事情」を読み取る！

→94ページ

原因A

仙太郎が「恋愛してない人のほうが（恋愛小説を）書けるんじゃないの」と言った

＋

原因B（特殊事情）

過去に仙太郎の言葉は和歌を傷つけていた

↓

和歌の心情

和歌は、その言葉に戸惑うほどのなつ

〈仙太郎〉原因A【「恋愛してない人のほうが書けるんじゃないの。恋愛してない人が読むんだろうから」仙太郎は言う。】

仙太郎も条件反射的に言ったのかもしれないと思いながら、心情【和歌は、その言葉に戸惑うほどのなつかしさを覚える。】ルール33 原因B（特殊事情）【その言葉の、どんなところに傷ついていたかを、数時間前のことのように思い出すことができる。】だから結果【今は、仙太郎の言葉に傷ついていないことをはっきりと悟ることができた。その言葉に傷つかないことをさみしいと感じているのが、不思議ではあった。】

ルール31 心情・結果【仙ちゃんは何をしているのと遠慮がちに和歌は訊いた。】取り憑かれたようにさがしてまわった旅行エッセイ本のあと、原因【仙太郎の名で出版された本を和歌は見ていない。五年前は仙太郎の名を検索してみることもあったが、和歌が知っている以上のことはインターネットのなかにはなかった。】

仙太郎はコンピュータ会社に勤めていると言って和歌を驚かせた。企業のホームページや宣伝ページを作成していると言う。旅のイラストエッセイは好評で、依頼も多かったのだが、続けるには旅をしなくちゃいけないから、

意味段落Ⅲ「仙太郎の結婚を知る」

〈仙太郎〉ルール33 原因【「結婚を機にやめたんだ、そうそう留守にはできないし」

かしさを覚える

↓

（距離ができたことにより和歌は傷つくことはなくなっていた＝**問2**の解答）

↓

結果（和歌の心情）

その言葉に傷つかないことをさみしいと感じているのが、不思議ではあった

≫ルール31 読解
「心情」をとりまく原因や結果を押さえる！

→**93ページ**

原因

・和歌が今も書き続けていることを仙太郎は知っていた。活躍してるじゃない、と言う

・仙太郎の名で出版された本を和歌は見ていない

・和歌が知っている以上の（仙太郎に関する）ことはインターネットのなかにはなかった

（＝和歌は作家として活躍しているが、仙太郎には近年の著作がない）

↓

和歌の心情

遠慮、躊躇

↓

結果（発言）

仙ちゃんは何をしているのと遠慮がちに和歌は訊いた

と、仙太郎は言った。】結婚したんだとくり返しながら、和歌は、［　D　］

心情【そのくらい動揺していた。】四年前に、と仙太郎は答えた。3 結果【和歌はとっさに記憶をたどる。】四年前、私は何をしていたか。ああ、重版に驚いていたころだ。仙太郎に笑われるのではないかと不安になっていたころだ。

〈和歌〉「だれと？」訊くと、

〈仙太郎〉「仕事で知り合った人。和歌の知らない人だよ」と仙太郎は答えた。

〈和歌〉「さっきの人？」

〈仙太郎〉「いや、さっきの人じゃない」

ではさっきの人はどういう関係の人かと条件反射的に疑問がわくが、そんなふうに詮索するのもはばかられた。

〈和歌〉「子どもは」なんと言っていいかわからず、訊くと、

〈仙太郎〉原因【「今、二人目がおなかのなか」と言い、「和歌は結婚していないの」と仙太郎は訊いた。】

〈和歌〉「恋愛もしていないってさっき言ったじゃん」と和歌は笑った。4 ルール32 心情【笑ったとたんに、堰（せき）を切ったように胸の内に言葉があふれた。次々とあふれて止まらない。】

〈和歌〉結果【「ねえ、その人」気がつけば口を開いていた。】「その人はコンビニ飯の食事をすることはないの？　その人は他人のために自分の時間を使えるの？　その人の顔つきは卑しくないんだ？　だから結婚したの」

≫ルール33 読解 直接導けない「心情」は「特殊事情」を読み取る！

→94ページ

原因A
仙太郎は「結婚を機にやめたんだ、そうそう留守にはできないし」と言った

＋

原因B（**特殊事情**）
和歌と仙太郎は過去に恋人同士だった

←

和歌の心情
（仙太郎が結婚していることに）動揺していた

←

結果（**和歌の行動**）
とっさに記憶をたどる

≫ルール32 読解「心情の変化」を見逃さない！

→96ページ

和歌の心情A
仙太郎の言葉に傷つかないことをさみしいと感じ、不思議だった

←

変化の原因
仙太郎は結婚していて、まもなく二人目の子どもが産まれるという近況を知る

言いながら和歌は違う違うと胸の内で叫ぶ。これじゃあ未練だ。結婚したかったと言っているみたいだ。そうじゃない、そうじゃないんだ。

〈和歌〉「きみは馬鹿だ、何も知らない、小説なんか書けるはずがない、人の営みなんか書けるはずがないって、どうして言い続ける必要があったの？　どうしてそこまでして私をコケにしなけりゃならなかったの？　それが知りたいだけなの、ねえ、なんでなの？」

原因【和歌は気づく。**向かいにいる仙太郎が、おびえた顔つきになっていることに。その目線の先にいる自分が突如あらわれた不気味な未知の生物であるような気持ちに和歌はなる。**

〈仙太郎〉「どうしたの和歌？　だいじょうぶ？　なんのこと？」

そう訊く仙太郎の目はまっすぐ和歌に向けられている。そこに嘘（うそ）はない。この人は、忘れているのだ。】

意味段落Ⅳ　「和歌は気持ちの整理をつける」

〈仙太郎〉「何か、煮詰まってたり、するの？」

真顔で訊かれ、和歌は、自分の書いた小説の語り手である錯覚を抱いた。心情【**この人が忘れたんじゃない、私が捏造（ねつぞう）したんだ、書けないことを何かのせいにするために、この人に自信を奪われたという物語を作ったのだ**】——結果【**和歌は笑いたくなる。**】正確には何年前か思い出せないほど前に別れたのに、ひとりの暮らしにとうに慣れたのに、あのころの自分ではけっしてないのに、

← **和歌の心情B**
笑ったとたんに、堰を切ったように胸の内に言葉があふれた（かつて仙太郎の言葉に抑圧されていたことへの鬱憤が噴き出す＝**問5**の解答）

← **心情Bに伴う結果（発言）**
「ねえ、その人」気がつけば口を開いていた

≫ルール31 読解　「心情」をとりまく原因や結果を押さえる！
→**93ページ**

原因
和歌が、なぜ和歌の自信を奪うような発言をしたのか仙太郎を問い詰めても、仙太郎は何のことかわからない様子だった

← **和歌の心情（気づき）**
和歌自身が、書けないことを何かのせいにするために仙太郎に自信を奪われたという物語を作ったということに気がつく

← **心情の結果（態度）**
和歌は笑いたくなる

一瞬で私は戻るのだ。

〈和歌〉「私たちって、なんで出会う必要があったのかな」

思ったことがそのまま口から出た。仙太郎の、おびえてこわばった顔がほんの少しゆるむ。なぜ私を選ばなかったかとかつての恋人が責めているらしい、となんとか理解したのだろう。

〈仙太郎〉「出会いに必要性はないんじゃない？　別れにはあっても」

〈和歌〉「じゃあ、なんで別れる必要があったの？」

5 誤解されていることを承知で和歌はあえて訊いた。その答えが今もなお自分を傷つけるか、知りたかった。

〈仙太郎〉原因B【「何言ってんの。きみが仕事をとったんじゃない。ぼくじゃなくて」】

和歌は仙太郎を真正面から見た。【仙太郎の言葉が自分を傷つけない】原因A ことに【ほっとしつつ、】ルール40 心情A 【驚いてもいた。】ルール40 心情B

〈仙太郎〉「和歌、あんまり無理するなよ」会計をすませながら、仙太郎は言った。「さっき、本気でどうにかなっちゃったかと思ったよ。無理して、追い詰められてまで書くことなんてないよ」

〈和歌〉「そこまで求められてないもんね」和歌は、かつて自分とともにいた仙太郎を思い出しながら、コーヒー代を取り出した。小銭も和歌の言葉も受け取らず、

〈仙太郎〉「今日は会えて本当によかった。じゃあ」

と、仙太郎は笑顔を見せて先に店を出ると、ガラス張りのドア越しに手を上げ、そのまま走っていった。

≫ルール40 読解 発展 「相反する心情」はそれぞれの原因をとらえる！

→101ページ

原因A 仙太郎の言葉が自分を傷つけないものだった

↓

心情A ほっとした

↔

原因B 仙太郎と和歌が別れた原因は、実は和歌が仙太郎ではなく仕事をとったことにあった

↓

心情B 驚いた

本文要約

和歌は、昔の恋人の仙太郎と再会する。お互いに近況報告をする中で、仙太郎が結婚したことを知った和歌は動揺し、昔仙太郎が自分を傷つけたことを責めてしまう。心当たりのなさそうな仙太郎の反応を見て、和歌は自分が小説を書けないことを仙太郎のせいにしていたことに気がつき、自分と別れた理由を仙太郎に尋ねる。仙太郎の返答が自分を傷つけないことを確認した和歌は、ほっとすると同時に驚く。

重要語句

- □3 辟易（へきえき）＝うんざりすること
- □27 自嘲（じちょう）＝自分をあざけり笑うこと
- □56 堰（せき）を切（き）ったように＝激しくあふれ出る様子
- □73 捏造（ねつぞう）＝でっちあげること

読解マップ

意味段落Ⅰ 「仙太郎との再会」

「和歌」の心情

原因 和歌が偶然、昔の恋人である仙太郎に会った

和歌の心情 あ、と思った／鼓動が速まった（驚き）

結果 和歌はなんとか笑顔を作って頭を下げた

意味段落Ⅱ 「お互いの近況報告」

「和歌」の心情

原因A 仙太郎が「恋愛してない人のほうが（恋愛小説を）書けるんじゃないの」と言った

原因B（特殊事情） 過去に仙太郎の言葉は和歌を傷つけていた

和歌の心情 和歌は、その言葉に戸惑うほどのなつかしさを覚える

結果（和歌の心情） 距離ができたことにより和歌はその言葉に傷つかなくなっており、そのことをさみしいと感じているのが、不思議ではあった

意味段落Ⅲ 「仙太郎の結婚を知る」
意味段落Ⅳ 「和歌は気持ちの整理をつける」

「和歌」の心情の変化

和歌の心情A 仙太郎の言葉に傷つかないことをさみしいと感じ、不思議だった

変化の原因 仙太郎が結婚していて、まもなく二人目の子どもが産まれるという近況を知る

和歌の心情B 笑ったとたんに、堰を切ったように胸の内に言葉があふれた（→問5解答）

和歌の心情Bに伴う結果（発言） なぜ和歌の自信を奪うような発言をしたのか仙太郎を問い詰める

原因 仙太郎は何のことかわからない様子だった

和歌の心情 和歌自身が、書けないことを何かのせいにするために仙太郎に自信を奪われたという物語を作ったということに気がつく

原因 仙太郎と和歌が別れた原因について仙太郎に訊くと、和歌自身が仙太郎ではなく仕事をとったからだと答えた

和歌の心情 仙太郎の言葉が自分を傷つけないことにほっとしつつ、驚いた

問1　脱文補充問題　難易度★

»ルール45→19ページ

ステップ1　脱文を分析する（①）

① 動作はすっかり覚えているのに、なんのための動作か忘れているようなアンバランスな感じがあった。

何らかの動作を行っているにもかかわらず、その意味を忘れているような違和感を説明していることがわかります。空所の前後に、動作とそれへの違和感が書かれているところを探します。

ステップ2　前後の文とのつながりを確認する（①）

テーブル席に向き合って座ると、奇妙な心持ち（心情）がした。

［　C　］

［　］

空所Cの直前には、「テーブル席に向き合って座る」という動作と、「奇妙な心持ち」という違和感を表す表現があります。

ステップ3　解答の根拠をとらえる（①）

「テーブル席に向き合って座ると、奇妙な心持ちがした」

＝動作　＝それへの違和感

ステップ1　脱文を分析する（②）

② 何を思えばいいのかわからないまま、鼓動だけが強くなる。

何を思えばいいのかわからず、鼓動が強くなるという、緊張や動揺を説明していることがわかります。空所の前後に、緊張や動揺を引き起こすような出来事が書かれているところを探します。

ステップ2　前後の文とのつながりを確認する（②）

あ、と思った瞬間、向こうも、あ、という顔をした。鼓動が速まった（心情）が、知らんぷりをすることができないくらいはっきりと目が合った。

〈仙〉「どうも」仙太郎が先に言い、和歌はなんとか笑顔を作って（結果）頭を下げた。

〈仙〉心情「びっくりしたな、すごい久しぶり」

〈和〉心情「ほんと」

［　B　］突然立ち止まった和歌と仙太郎を、花見客が迷惑そうににらみつけて通り過ぎていく。

空所Bの前には、和歌が仙太郎と再会して「鼓動が速まり」、「なんとか笑顔を作って」という動揺が説明され、二人の会話では、互いに驚いていることが示されています。

ステップ3 解答の根拠をとらえる ②

（仙太郎に偶然会い）「鼓動が速まった」
→緊張（鼓動だけが強くなる）
「和歌はなんとか笑顔を作って頭を下げた」
→動揺（何を思えばいいのかわからない）

ステップ1 脱文を分析する ③

③ 自分が驚いているのかいないのか、判断しかねていた。

自分（＝和歌）を驚かせるような出来事があったのに、それに対する自分の感情が把握できずにいることがわかります。空所の前後に、和歌を驚かせる出来事が書かれているところを探します。

ステップ2 前後の文とのつながりを確認する ③

「結婚を機にやめたんだ、そうそう留守にはできないし」と、仙太郎は言った。結婚したんだとくり返しながら、和歌は、［　　D　　］

（心情）そのくらい動揺していた。

ステップ3 解答の根拠をとらえる ③

空所Dの前後には、仙太郎から結婚したことを知らされて動揺する和歌の様子が書かれています。

結婚したという仙太郎の発言
＝
和歌を驚かせるような出来事
↓
［D］
＝
「そのくらい動揺していた」

ステップ1 脱文を分析する ④

④ 視線が吸い寄せられる磁力のようなものがあった。

何かを見てそれに引き寄せられている様子を説明していることがわかります。空所の前後に、視線を引き寄せるものが書かれているところを探します。

ステップ2 前後の文とのつながりを確認する ④

……和歌はひとりお堀沿いを歩き、人の多さに辟易（へきえき）して集合場所に向かおうとしたところ、仙太郎を見かけたのだった。満員電車のような混雑ぶりなのに、仙太郎だとすぐにわかった。容姿が変わらないからではなくて、［　　A　　］

［　　　　］

あ、と思った瞬間、向こうも、あ、という顔をした。

空所Aの前後には、人ごみの中に仙太郎を見て目が合う和歌の様子が書かれています。

ステップ3 解答の根拠をとらえる（④）

「仙太郎を見かけた」
「仙太郎だとすぐにわかった」
＝
視線を引き寄せるもの

ステップ4 解答を決定する

以上より解答は、A＝④、B＝②、C＝①、D＝③となります。

問2 心情把握問題 難易度★★

≫ルール49→106ページ

ステップ1 傍線部を含む一文を分析する

〈仙〉原因A「恋愛してない人のほうが書けるんじゃないの。恋愛してない人が読むんだろうから」仙太郎は言う。

仙太郎も条件反射的に言ったのかもしれないと思いながら、心情和歌は、その言葉に戸惑うほどのなつかしさを覚える。その言葉の、どんなところに傷ついていたかを、数時間前のことのように思い出すことができる。だから今は、仙太郎の言葉に傷ついていないことをはっきりと悟ることができた。1心情その言葉に傷つかないことをさみしいと感じているのが、不思議ではあった。

傍線部を含むこの段落の内容は、和歌の心情だと読み取れますが、「その言葉」が指し示す内容を前文から確認してみましょう。「その言葉」とは「恋愛してない人のほうが書けるんじゃないの。恋愛してない人が読むんだろうから」という仙太郎の発言だとわかりますね。

ステップ2 解答の根拠をとらえる

傍線部を含む段落と一つ前の段落から、仙太郎が昔のように和歌を傷つけるようなことを言い、昔のことがありありと思い出されたにもかかわらず、それに傷つかずにさみしいと思ったことを和歌が不思議に思ったことがわかります。それではなぜ、和歌は傷つかない自分を不思議に思ったのでしょうか。それを知るには、本文にははっきりとは示されていない「特殊事情」を読み取る必要があります。

原因A 仙太郎が「恋愛してない人のほうが（恋愛小説を）書けるんじゃないの」と言った（→和歌を傷つけるような発言）

＋

原因B（特殊事情） 過去に仙太郎の言葉は和歌を傷つけていたしかし距離ができたことにより和歌は傷つくことはなくなり、それをさみしいと思う余裕がある

↓

和歌の心情 不思議ではあった

ステップ3 解答を決定する

以上より、解答は③「久しぶりに会った仙太郎の言葉に、まだ心も体も条件反射で反応したのに、以前のように傷つくことはなく、そこに仙太郎との距離を感じ、さみしいと思う余裕さえ感じられた自分を意外に思ったから。」になります。仙太郎の昔と同じような言葉に和歌が傷つかず、それをさみしくさえ感じていることを不思議に思うという内容に合うのはこの選択肢です。

〈その他の選択肢〉

① 仙太郎はかつて裏のある言い方で和歌を傷つけてきた。久しぶりに会ってみると、仙太郎は別人のように優しくなっていて、ほっとするのではなくさみしく思う自分が思いがけなかったから。

（昔と同じように和歌を傷つける言葉を発している）

② 仙太郎はかつて条件反射的な何気ない言葉で図らずも和歌を傷つけてきた。久しぶりに会って仙太郎の言葉が和歌には響かず、作家としての輝きを失った仙太郎にさみしさを感じる自分が滑稽だったから。

（さみしさと仙太郎が作家をやめたことは無関係）

④ 久しぶりに会った仙太郎の言葉に、まだ心も体も条件反射で反応したのに、以前のように核心をつく言葉ではなく、表面的な会話に物足りなさを感じ、拍子抜けしたから。

（仙太郎の言葉は以前と変わりない）

問3 心情把握問題

難易度★★★

≫ルール49→106ページ
≫記述ルール→7ページ

ステップ1 傍線部を含む一文を分析する

原因 和歌が今も書き続けていることを仙太郎は知っていた。活躍してるじゃない、というその言葉に裏があるのかないのか、咄嗟に考える自分に和歌は驚いた。

（中略）

仙ちゃんは何をしているのと、2心情 遠慮がちに和歌は訊いた。取り憑かれたようにさがしてまわった旅行エッセイ本のあと、原因 仙太郎の名で出版された本を和歌は見ていない。五年前は仙太郎の名を検索してみることもあったが、和歌が知っている以上のことはインターネットのなかにはなかった。

仙太郎の近況を尋ねることに和歌がためらいを感じていたことがわかります。その「原因」となる出来事や事情を傍線部の前後に求めます。

ステップ2 解答の根拠をとらえる

傍線部の前から、仙太郎は和歌が小説家を続け、成功していることを知っていることがわかります。また、傍線部の後には仙太郎の本が出版されていないことが示されています。

傍線部の前後から、二人が別れた後に、作家としての命運が分かれてしまったことが、和歌が仙太郎の近況を尋ねることを躊躇した理由だとわかります。

原因

・和歌が今も書き続けていることを仙太郎は知っていた。活躍して